本当に
「使える人材」を見抜く
採用面接

細井智彦

高橋書店

はじめに

採るべき人材は語れても、どう確保するかは語れない

本書を手に取られたあなたは、とても問題意識、当事者意識の高い方だと思います。

現在、優秀な人材を本気で採用しようと考えている企業のほとんどは、面接に当惑しています。実際「面接での印象や受け答えがよかったので採用したら、ぜんぜん使えなかった」「入社後すぐ心が折れてしまった」「内定を出しても辞退されてしまう」などの失敗談を、私もよく耳にします。

ところが、具体的な対策を講じている会社はあまりありません。

企業の人事の現場では「どういう人材を採用すべきか」「採用した人材をどう育成するか」という採用戦略や人材活用については、盛んに議論され研究もされています。にもかかわらず、その肝心な人材を「どう見極め、確保するか」は置いてけぼりで、面接だけが原始的なやり方のまま放置されているのです。そして面接を「書類だけではわからない情報を得るため」と本気で考えている面接官が多いのです。

とくに中途採用の面接では、人事だけでなく、現場のマネジャーが面接することが多いのですが、彼らが、面接官としてのノウハウをレクチャーされているかといえば、ほとんど何もされていません。しかも面接をするようすを見学する機会もないので、見よう見まねもできぬまま自己流で臨み、なんの戦術もなくただ場数を踏むだけ、というのが現状です。

今や、就職（転職）市場もエコの時代。限りある人材資源をいかに活用できるかが、企業の存続にかかわっています。優秀な人はどの業界も引く手あまたです。「去るものは追わず」もけっこうですが、応募者を引きつける面接ができないと、採るべき人材についていくら議論を交したところで、採用はいつまでも成功しません。

当たり前のことをどう実践するかが成功の秘けつ

転職希望者とやりとりするエージェントは、面接を終えた応募者から、感想を聞いたりします。すると「面接を受けたら予想外にいい感じの会社で、ぜひ入社したい」「第一志望だったけれど、内定をもらっても入りたくなくなった」と千差万別。

そこで「応募者の生の声は、きっと面接官にも有益」と確信し、それをきっかけに、企業にも話す機会を増やし、今では150社以上で面接官向けのセミナーを開くまでに至りました。

そうした企業の辞退率を減らしてきたノウハウを、あらためて整理してみると、当たり前なことばかりだと痛感します。

たとえるなら「ダイエット」です。「食事量を減らして運動する」ことは誰でも思いつきますが、これが簡単そうでなかなかできない。面接もダイエットも、当たり前のことができない点がそっくりです。

面接の仕方は業界・業種を問わず大同小異。だからこそ少しの工夫で格段に充実でき、他社に差をつけられ、優秀な人材を確保することができるのです。

御社の面接を有意義なものに一変させるために

本書で伝える、面接を成功させるコツは「相手に興味を抱きながら熱心に聞く」「自分の言葉で自社の魅力を活き活きと話す」のたった2つに集約されます。

どうですか、人の心を動かす対話コミュニケーションのコツと同じだと思いませんか。頭で考えるのではなく、体で感じて実践するのが面接なのです。とはいえダイエットと同じで、理屈でわかっていてもできないときのために、実践のコツをちりばめました。

最近、面接官から「一見、前向きで好印象だけど、みんな同じようなことばかり言ってくる。差がなくて誰がいいのかわからない」と、よく言われます。

とくに新卒の面接では、学生も相当対策してくるので、面接する側もだまされまいと腹の探り合いのようになりかけています。まるでイタチごっこです。この状況に、うんざりしている面接官も多いことでしょう。

面接を「変えたい」「変えなくてはまずい」と思ってはいるものの、どうすればよいかわからず、けっきょく、従来のやり方を踏襲してしまう。肝心な「話の内容」より、「受けた印象」で決めてしまう……。こうした悩みに解決策を提示して、御社の採用の成功に結びつけば、著者としてこれ以上の喜びはありません。

CONTENTS

「使える人材」を見抜く 採用面接

Part 1 優秀な人材を見逃している企業多数！ 御社の面接がダメな理由《わけ》

ダメな理由

Part 2 「採用が成功する」面接の極意

細井のメソッド

Part 3 誰でもすぐに「面接力」が上がる方法

面接テクニック

Part 4 「質問力」と「見抜く力」を3倍にする実践例

Part 5

面接の「悩み別」解決法

Part 6 直前チェック　面接官が注意すべきこと

編集協力　小川由希子
本文デザイン　ムーブ（新田由起子、川野有佐）
本文DTP　ムーブ
校正　新山耕作
装丁　大下賢一郎
写真　森カズシゲ

この本の特長

この1冊でデキる面接官になれる！
「本当に使える人材」が採用できる！

1. Introduction　面接官としての課題がわかる

今、採用面接の現場で起きている問題や、面接官が陥りがちな失敗例をもとに、面接官として注意すべき点を解説します。

➡ **Part 1**　御社の面接がダメな理由

2. Theory　面接成功の必須条件がわかる

面接の大まかな進め方や、面接官としての心構え、応募者のどこを見ればよいかなど、面接の基本理論を学べます。

➡ **Part 2**　「採用が成功する」面接の極意

3. Technique　話を聞く・伝えるテクニックが身につく

応募者のホンネを引き出すテクニック、応募者の入社意欲を高めるテクニックを伝授します。

➡ **Part 3**　誰でもすぐに「面接力」が上がる方法

4. Practice　シチュエーション別の具体策がわかる

面接本番前に準備しておくこと、応募書類のチェック方法、具体的な質問方法などを、面接の流れに沿った実践形式で説明します。

➡ **Part 4**　「質問力」と「見抜く力」を3倍にする実践例

Plus alpha　細井流アドバイス

➡ **Part 5**　面接の「悩み別」解決法

➡ **Part 6**　直前チェック：面接官が注意すべきこと

Part 1

優秀な人材を見逃している企業多数！御社の面接がダメな理由《わけ》

ダメな理由 01

「見られている」意識が面接官にまったくない！

▶第一志望に内定をもらっても
54パーセントが辞退している現実

志望先を変更した理由は「面接官の印象」

「面接をする目的は何ですか？」——企業の採用担当の方々にこう尋ねると、「書類だけではわからない応募者の能力を確かめることです」「会話を通して、相手の本質を見極めることです」といった答えが返ってきます。もちろん、これらも大切なことです。

ただ、応募者を「選考する」ことに気をとられ、多くの方がその先にある「採用する」という本来の目的を忘れてしまっています。 面接で優秀な人を見つけても、その人を確保できなければ意味がないのです。

じつは、内定を出した応募者から入社を辞退されるケースは珍しくありません。驚くべきことに、当初、第一志望だった企業から内定をもらったにもかかわらず、半数以上の54パーセントの人が辞退したという調査結果もあるのです。

では、内定辞退者を増やしてしまう原因はどこにあるのでしょう。

前述の調査では、辞退者の約70パーセントもの人が「面接官の印象によって志望先を変えた」と答えています。

「旅行先で、現地の人に道案内をしてもらったら、お金を請求され、その国の印象が一気に悪くなった」という話を聞いたことがありますが、それに似ています。面接官の印象で、企業全体のイメージが大きく左右されるのです。

応募者に「嫌われない」配慮が必要

転職エージェントという立場の私には、面接を経験した応募者からさまざまな感想が寄せられます。それを見ると、面接官が気づかずやってしまう些細《ささい》な言動が、応募者を不快にさせていることがわかります。

たとえば「ずっと書類を見ていて目を合わせてくれなかった」「時間を気にしてばかりいた」「『当社に向いてないと思うけど、なんで応募してきたの？』と言われた」など（19ページ参照）です。

「こんなことで⁉」と驚かれる人も多いでしょう。しかし、応募者にとって面接官は、入社前に出会う数少ない先輩社員でもあります。いわば、その企業で働く人のモデルのようなもの。その言動や印象が、転職先を選ぶ判断材料になるのは不思議ではありません。

面接官が応募者を観察するように、応募者も面接官をよく見ています。そして、**面接官の印象で企業の良し悪しを判断し、入社するか否かを選択することもあるのです。**多くの企業から内定をもらえる人材ほど、その傾向は強いでしょう。

優秀な人材を採用したいなら、相手を見ることばかりに気をとられず、まずは自分も見られているという意識が必要です。面接も「ビジネスの現場」と肝に銘じ、クライアントとの打ち合わせと同じように、気を引き締めて臨みましょう。

ここで、本書でお伝えすることの概論を述べます。応募者が御社に入社したくなるような面接を行うには、たった2つのことを実行すればよいのです。まずは、丁寧に対応して、話をきちんと聞くこと。そして、仕事のやりがいを伝えることです。具体的にどうすればよいのかは、パート2以降で詳しく説明します。

応募者が不快に感じた、面接官の言動一覧

応募書類ばかり見ていて、アイコンタクトもなく、聞いてくれているのか不安になった

ため息をつかれた

ちらちらと時計ばかり気にしていた

応募書類の挟んであるファイルを勢いよく閉じられた

「え、それだけなの……」と、つぶやかれた

面接中に携帯のメールをチェックしていた

「本当にそんな理由で辞めるの？　信じられないなぁ」

「当社には向いてないと思うけど、なんで応募してきたの？」

「積極性を PR しようとしてるけど、それって上司に指示されたことでしょ？」

（著者の転職希望者向けのセミナーより抜粋）

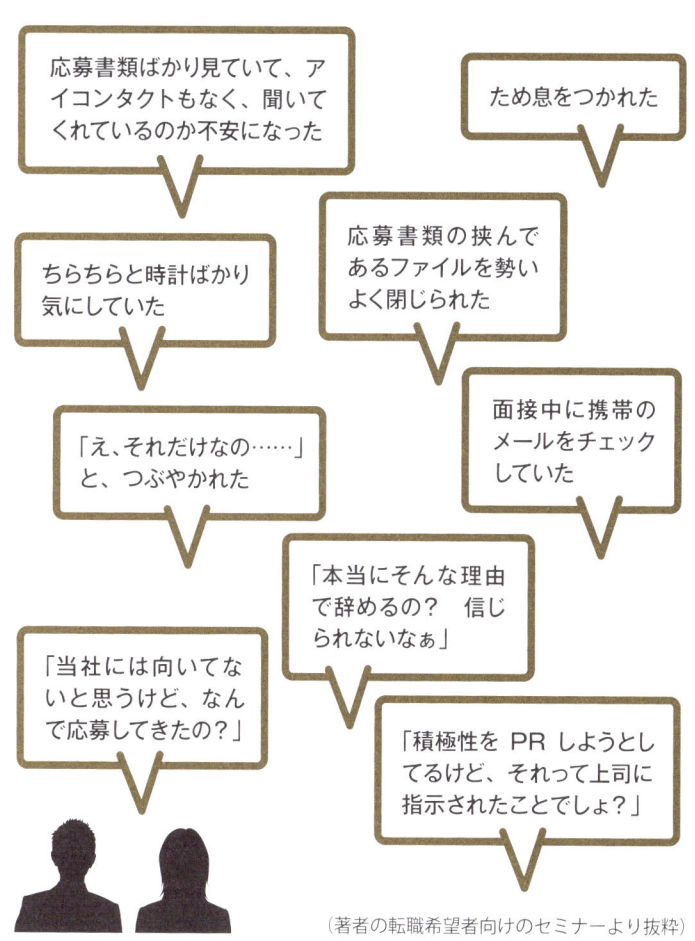

ダメな理由 02

ただなんとなく「転職理由」「志望動機」を尋ねている

▶質問の意図が理解できていない

印象だけで評価していませんか？

面接官を任されたとき「応募者にどんな質問をしようか」と事前に考える人は多いでしょう。しかし、質問の目的まで考えている人はほとんどいません。

たとえば「なぜ転職を考えたのですか？」「弊社を志望された動機は何ですか？」

面接官が必ずといっていいほどする質問ですが、なぜ問うのか、考えたことがある人はどれほどいるでしょう。「自分も就職活動のときに聞かれたから」「必ず確認するものと思っていたから」くらいの理由ではないでしょうか。質問の意図を理解していないと、えてして「前向きな転職理由でよかった」「当社のことをよく勉強していて熱心そうだ」など表面的な印象だけで評価しがちです。

これでは、応募者のホンネを見抜けるはずもありません。

評定表の評価項目が曖昧だと、無意味な質問が増える

面接官が、無意味な質問をしてしまう原因のひとつが、評定表にあります。次のページを見てください。評価項目が「コミュニケーション能力」「チャレンジ精神」など、曖昧で、どこをどのように評価すればよいかわかりません。その結果「人と接するのは好きですか？」「今まで何か新しいことにチャレンジした経験はありますか？」などと安直な質問をしてしまいます。さらに、面接官の独断と偏見で評価を下してしまうことにつながるでしょう。

「転職理由」「志望動機」についても、評価基準がわからないまま質問してしまい、印象の良し悪しを判断するだけになります。

評定表には、応募者に求める能力やキャラクターを具体的に記しておくことが重要。ただし「次世代の経営幹部になれるリーダーシップがあるか」「変化を恐れず、常に自分を変革しているか」など、理想像ばかりを羅列しても、評価の基準にはなりません。入社後に任せたい仕事に必要な能力を重視した評定表を作成しましょう。

※188ページに私が作成した評定表のサンプルを掲載していますので、参考にしてください。

面接日　　年　　月　　日　　場所		応募者番号
応募者氏名		連絡先
面接者　　所属　　　　氏名		

評価項目	所感・メモ	評価
応答態度		1 2 3 4 5
コミュニケーション能力		1 2 3 4 5
主体性		1 2 3 4 5
協調性		1 2 3 4 5
チャレンジ精神		1 2 3 4 5
リーダーシップ		1 2 3 4 5

❶ ❸

転職理由について		1 2 3 4 5
志望動機について		1 2 3 4 5
志望の優先度		1 2 3 4 5

❷ ❹

総合判定	A ぜひ採用	B 次に進める	C 再検討	D 不採用
申し送り事項				

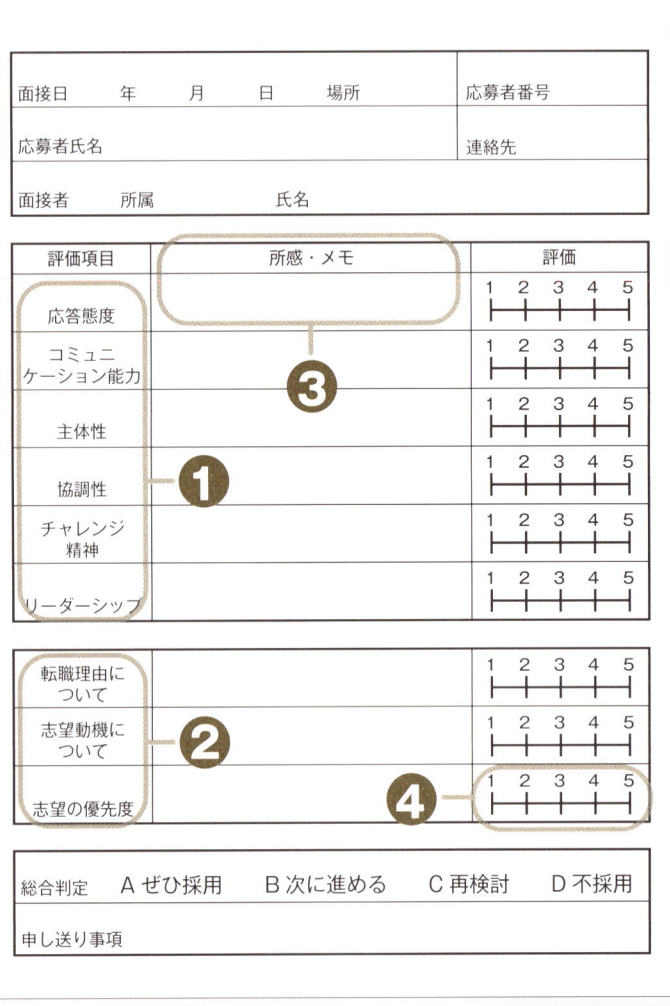

ダメな評定表の例

ここがダメ！

1. 評価項目が抽象的で、評価基準も曖昧だと面接官の印象や好みが反映されやすく、人によって評価がブレるおそれも

2. 「転職理由」「志望動機」を評価項目にすると、答えから受ける印象の良し悪しを判断するだけになってしまう。これらの質問で何を見抜くかが大事

3. 所感やメモだけでは、その正当性が判断できない。理由や根拠もいっしょに書くスペースを設けるべき

4. 評価をすべて数値化すると、以下のような問題が起こる

   - ズバ抜けた能力を持ちつつも、マイナス面がある人物を見逃がしやすい
   - 優等生タイプしか評価されない
   - 面接官の好みに左右されやすくなる
   - 直感による評価が反映されなくなる

印象ばかりで判断し「面接上手」ばかり採ってしまう

▶面接官に「質問力」がなさすぎる

近年「面接上手」なだけの人が増えている!?

面接官を務めた方が、必ずといっていいほど体験するのが「面接のときはとても優秀だと思ったのに、採用してみたら違っていた」「入社後、仕事があまりできなくて困った」という失敗。それがトラウマになり「どんな人を採用したらいいかわからなくなった」という人の話もときどき聞きます。

面接という限られた場で、応募者の能力や人柄を判断するのはとても難しいことです。**とくに「面接上手」な応募者には要注意。こういう人は、事前に対策をよく練っていて、どう答えれば面接官に好印象を与えるかを心得ています。**

たとえばこんな人がいたらどうでしょう。見るからに清潔で、明るく元気な印象。御社についてもよく勉強していることがわかります。質問に対しても、「常に顧客目線を大切にし、お客様のニーズを的確にとらえることを心がけました。その結果、前年比売上130パーセントを達成しました」などと、こちらが思わず「なるほど」と納得してしまうほど、簡潔にわかりやすく答えるのです。

こんな応募者がいたら、多くの面接官がよい印象を受けるのではないでしょうか。

好印象を受けた人ほどクリティカル（批判的）に

心理学用語に「印象形成の初頭効果」というのがあります。

これは、人は誰かに対して最初に抱いた印象を、なかなか覆せないということ。面接でも、相手に一度よい印象を持ってしまうと、その人のよい面ばかりが目につきやすくなるのです。だからこそ、最初に好印象を抱いた人にほど「言っていることは本当かな」という視点で、具体的なエピソードを聞く必要があります。とはいえこう書くと「そんなことはわかっている。応募者がウソを言ってないか、ちゃんと体験談を聞くようにしている」とおっしゃる方もいるでしょう。しかし私から見ると、そのエピソードの「聞き出し方」に問題があるように思えます。だまされまいと頭では理解しているものの、どんな聞き方をすればよいのかご存じの方は少ないようです。

解決策は「質問力」を上げることです。パート2以降で、むりやりホンネを引き出そうとしなくても応募者に気持ちよく話してもらう方法を説明します。

ダメな理由 01

自社にとって本当に必要な人物像がイメージできていない

▶「コミュニケーション能力のある人」を求めるな！

求める能力が曖昧だと採用は失敗する

企業の人事担当や面接担当の人に「どんな人材を求めていますか？」と尋ねると、たいてい「コミュニケーション能力のある人」「主体性のある人」「チャレンジ精神のある人」と返ってきます。たしかに「こういう人欲しいですか？」と聞かれればYESと答えたくなるものばかりです。

しかし、**聞き心地のよい言葉だけが一人歩きしていて、採るべき人材を具体的に想定できている会社は意外なほどありません。**どんな能力を持った人材が欲しいのか、しっかりと分析できていないのです。そのため、新卒採用はもちろん、任せたい仕事が明確なはずの中途採用ですら、漠然としたイメージだけで採用しているケースが少なくありません。

たとえば「コミュニケーション能力」とひと言にいっても、飛びこみ営業に求められるのは「初対面でもものおじせず話す力」でしょうし、クレーム対応に必要なのは

「相手の話をじっくり聞く力」でしょう。会社によって、また任せたい仕事によって、求めるコミュニケーション能力は違うはずです。

そこを明確にしないまま面接に臨んでしまっては、御社に本当に必要なコミュニケーション能力を持つ人を見極めることなどできません。明るく元気なだけで、使いものにならない人を採用してしまう危険性もあります。

また、評価基準となるはずの求める人物像が漠然としていれば、面接官によって採用する人材にブレが生じます。

それぞれの面接官が、自分なりに解釈した人物像に基づいて、質問したり応募者をチェックしたりすることになるわけですから、けっきょく、面接官の主観や好みが反映された選考になってしまいます。「会社に本当に必要な能力」を持った人をみすみす見逃すことにもなりかねません。

御社にとっての「使える」を言語化してみる

求める人物像を、冒頭に挙げたような、わかるようなわからないような漠然としている言葉で、表現するのは今すぐやめましょう。どのような人を採用すべきかを理解しないまま面接に臨むことにつながります。

採用活動を成功させるには、まず、あなたの会社にとっての「使える」人材をはっきりさせましょう。

コミュニケーション能力のある人が欲しいなら、自社に（あるいは新しい人材を配置する部署に）必要な能力を「コミュニケーション」という言葉を使わずに表現してみてください。そうすれば案外簡単に具体化できます。

その際「問題点を具体的な言葉にして、顧客に対し短時間にわかりやすく伝えられる説明能力の高い人」「感覚的なものを数値で示すなど『見える化』して表現できる、伝達能力の高い人」のように、できるだけ細かく言語化することが大切です。

また、求める人物像を考える際は、社内でディスカッションする時間を設け、さまざまな立場の人が意見を出し合えるのがベスト。通常業務のなかでまとまった時間をとるのは難しいでしょうが、御社に必要な人材像が明確になり、イメージを共有できるので、ぜひ設けていただきたいと思います。

求める人材をありきたりな言葉で表すのは危険

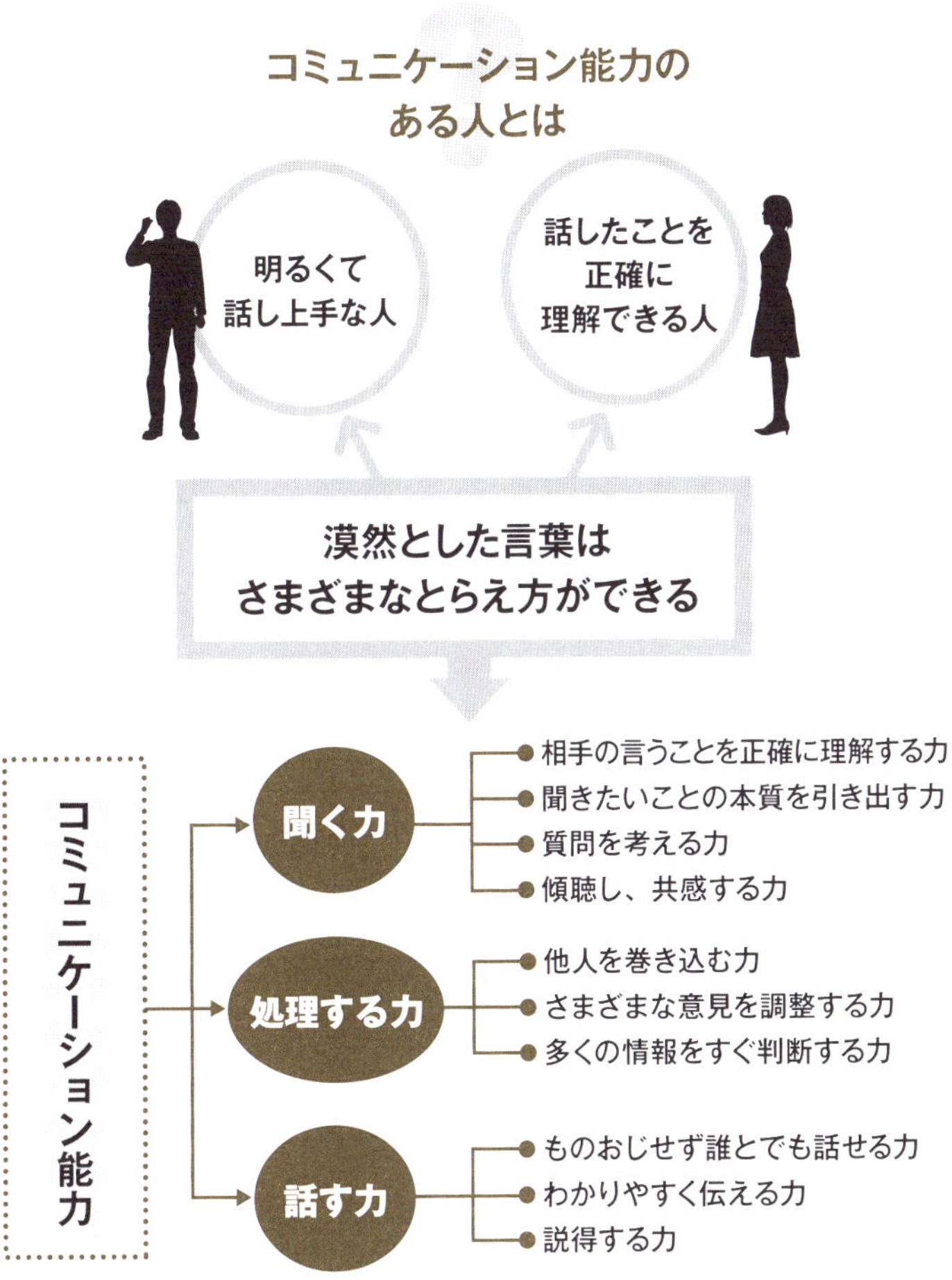
コミュニケーション能力の
ある人とは
明るくて
話し上手な人
話したことを
正確に
理解できる人
漠然とした言葉は
さまざまなとらえ方ができる
コミュニケーション能力
聞く力
相手の言うことを正確に理解する力
聞きたいことの本質を引き出す力
質問を考える力
傾聴し、共感する力
処理する力
他人を巻き込む力
さまざまな意見を調整する力
多くの情報をすぐ判断する力
話す力
ものおじせず誰とでも話せる力
わかりやすく伝える力
説得する力

「ストレスに耐えられる人」を求めてしまう

▶「ストレス耐性」＝「我慢力」ではない

チェックすべきはストレスを「逃がす力」

多くの企業が長引く経済不況の影響を受けている今、社員一人ひとりにかかる負担やプレッシャーは大きくなっています。仕事のストレスで体調を崩し、休職したり退職したりするケースも少なくありません。

そんななか、ほとんどの企業が、応募者に求めているのが「ストレス耐性」でしょう。御社もどんな環境でも精神的なストレスに負けず、仕事を最後までやり抜く強さを持つ社員を必要としていませんか。

多くの企業がつい「しんどい状況でも我慢して頑張ってくれる人」を求めてしまいがち。私もよく、採用担当者から「仕事のストレスに耐えられる人を見抜くには、どんな質問をすればよいですか？」と相談されます。しかし、本当に必要なのはストレスに「耐える力」ではありません。働く人に必要なストレス耐性とは、ストレスへの対応力や適応力なのです。

もっといえば、ストレスは誰もが感じるもの。だからこそ、ためこまず、うまく「逃がせる力」が必要なのです。

一般的に、ストレスに耐えられる人は、その許容量が大きい人とされています。しかし、逃がす力がなければストレスはたまる一方。たとえればバケツ（許容量）に注がれる水（ストレス）のようなもの。逃がす方法がなければ遅かれ早かれいつかはあふれ出します。その結果、心や体の不調が起こり、仕事や生活に支障をきたすのです。

逆に、ストレスの許容量が少ない人でも、ためこまないよう自分なりに逃がす方法を知っていれば、心や体のバランスを崩すことはありません。ストレスとうまくつき合っていけるのです。

ストレスを乗り越えられる人を見抜くには？

では、面接でストレス耐性を確認するにはどうすればよいでしょう。

基本的に次の3つの点をチェックしてください。とくに②③は見落としがちなポイントです。

①壁を乗り越えてきた経験があるか

応募者が今までどんな壁にぶつかってきたか、どうやって乗り越えてきたかを確認することで、ストレスのかかる状態を乗りきる力があるかがわかります。

②仕事をするうえでモチベーションの源となるものがあるか

「○○のためになら仕事を頑張れる」というものを持っているかを確認します。自分なりの意志がある人ほど、それを糧にストレス状態を乗りきれます。

③ストレスを感じたときの対処法

普段どんなときにストレスを感じ、どう対処しているかを確認します。このことによって「自分がストレスを感じる部分」をきちんと自覚できているか、ストレスを逃がすための自分なりの方法を持っていて実践しているか、がわかります。

ストレスに強いと思っている人は、「そもそもストレスなんてない」「ストレスを感じない」と自分を過信しがち。そのため、自分なりの対処法がわからず、耐えきれないほどの強いストレスに襲われたときに大きなダメージを受けてしまうおそれがあるので注意しましょう。

ストレス対応力４つのタイプ

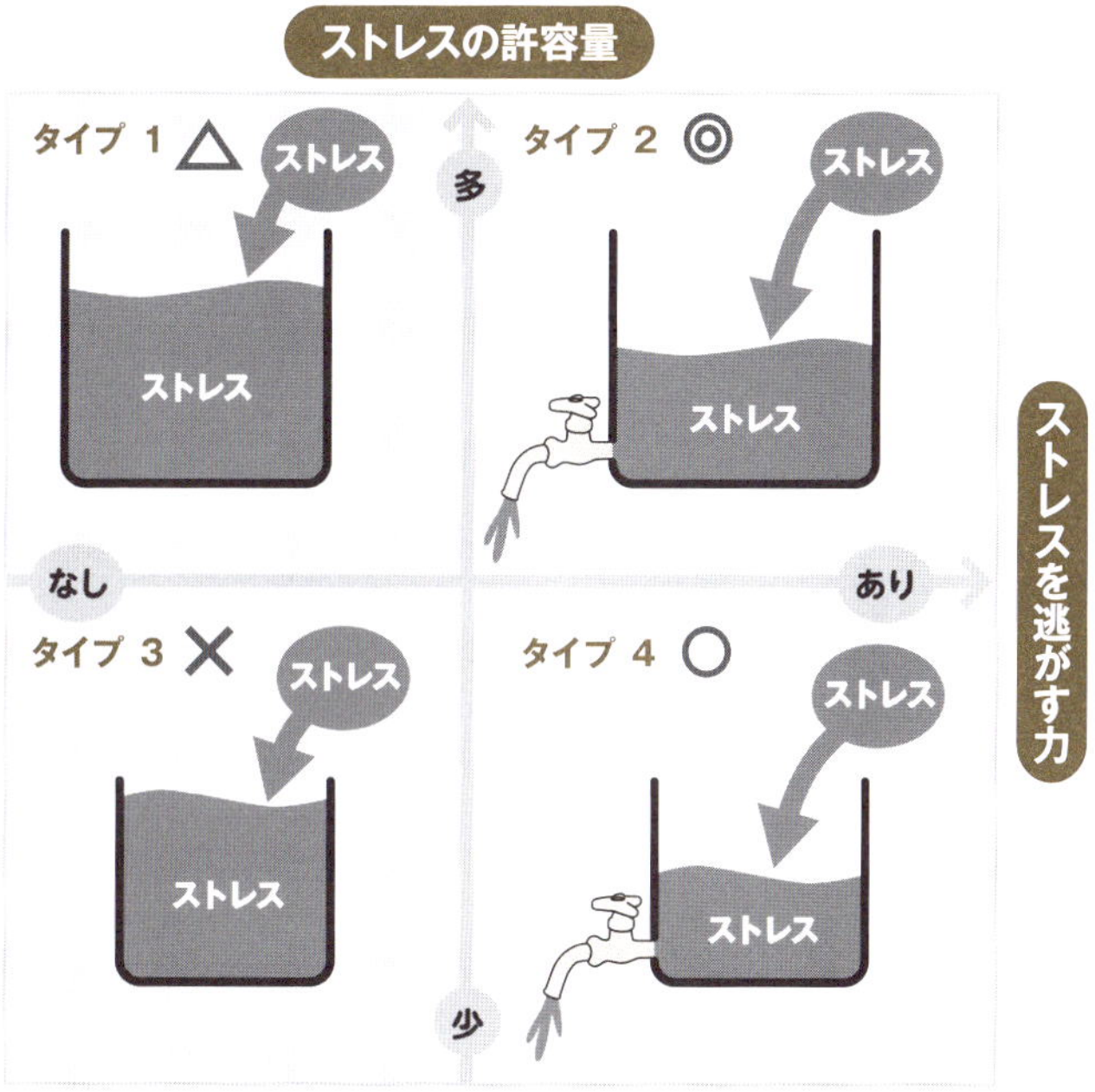

ストレスの許容量が大きい人はある程度ストレスに耐えられるが、逃がす力がないと、ストレスがたまっていつかあふれてしまう

面接で見るべきポイントはストレスの許容量（バケツの大きさ）だけでなく、ストレスを逃がす力（蛇口）の有無

Column

「キャリアアップしたい」のウラに、会社の不正!?

応募者が不満や愚痴を口にするとマイナスな印象を抱きがちですが、「不満はないが、とにかくキャリアアップしたい」ときっぱり言われると、「不満もないのに転職するのか」と思いますよね。突っ込みたくなる気持ちもわかりますが、応募者の言葉のウラには、隠したい事情があることも多いのです。

その代表が会社の不正です。

応募者の相談を受けていると、企業が行うさまざまな不正を耳にします。「ある老舗の会社の実態はパワハラ、セクハラまみれ」「お客様に不良品を売りつけるよう強要された」などと告白されたことも。このほか、粉飾決算や助成金の虚偽申請、談合や贈収賄など、百鬼夜行です。

このような不正をやりすごせず、転職に踏みきる人は少なくありません。それでも前の会社の批判をする人は嫌われるからと、面接では「キャリアアップしたい」などと陳腐な言葉を使ってしまうのです。

面接官は、応募者の複雑な気持ちをくんで、ホンネを話してもらえるよう、話を丁寧に掘り下げてあげてください。

Part 2

「採用が成功する」面接の極意

「面接＝応募者を選ぶ場」では失敗する！

面接には3つの役割がある

面接というと「応募者の能力を見極めて、選ぶ」という「選考」の役割が注目されますが、それだけではありません。具体的には次の3つがあります。

【面接の役割① 選ぶ】

応募者のなかから採用したい人を選ぶことは、当然、面接のもっとも重要な役割です。会社にとって面接は、相手が必要な人材か否かを見極めるための「時間」なのです。

多くの面接官がこの役割は果たせていると思っているでしょう。ただし、その方法には問題点も多く見られます。とくに、私が現在の面接でやめるべきだと思うのは、自分たちの細かい条件に合った人を探す「マッチング」にこだわりすぎることです。

これは重要なポイントなので、のちほど詳しく説明します（50ページ参照）。

【面接の役割② 選ばれる】

面接の最終目標は「採用すること」です。たとえ、優秀な人材を見抜き選んだとしても、入社してもらえなければ、面接は失敗したことになります。

応募者は通常、複数の企業を並行して受けます。そうして、面接官が応募者を選ぶように応募者も入社したい企業を選んでいます。もし御社が応募者に人気がなく、志望順位が下位なら、いくら内定を出しても採用にはつながらないでしょう。

優秀な人物を採用したいのであれば、応募者に選ばれなければなりません。長引く不況で、買い手市場だからと「採ってやる」という態度はもってのほか。面接を通して、応募者に「この会社に入りたい」と思わせることが大切なのです。

そのために必要なのが、会社の魅力や仕事のやりがいなどを応募者に上手にＰＲすること。転職エージェントの立場で採用現場を見ていると、ＰＲ上手な会社、下手な会社がはっきりわかります。

同時期に同じ業種のA社、B社の中途採用があったとき、多くの人が両社に応募しました。当初、人気はB社のほうが高かったのですが、面接後、大半の人がA社を選んだのです。面接の場で、応募者へのＰＲがいかに重要かがわかる一例です。

面接は御社をPRする時間であることも忘れないでください。

【面接の役割③　嫌われない】

選ばれないどころか、応募者に嫌われてしまう面接官がいます。応募者に嫌われては、採用できないばかりか、企業のイメージダウンにもつながります。しかも今は、悪いうわさがネットであっという間に広まります。メーカーやサービス業なら、消費者を失いかねません。

応募者は面接官をよく見ています。あいさつをしなかったり、やる気のない態度や高圧的な態度をとったりすると、悪い印象しか残りません。面接官の言動や態度によって、会社に損害を与えることもあるのです。

なにも応募者の機嫌をとれと言っているわけではありません。まずは面接官も「見られている」という意識を持つことが必要。そのうえで、人としての礼儀と配慮を大切にして応募者に対応しましょう。

志望順位を上げることの重要性

**競合している会社 ABCD が
同時期に採用活動を行った場合……**

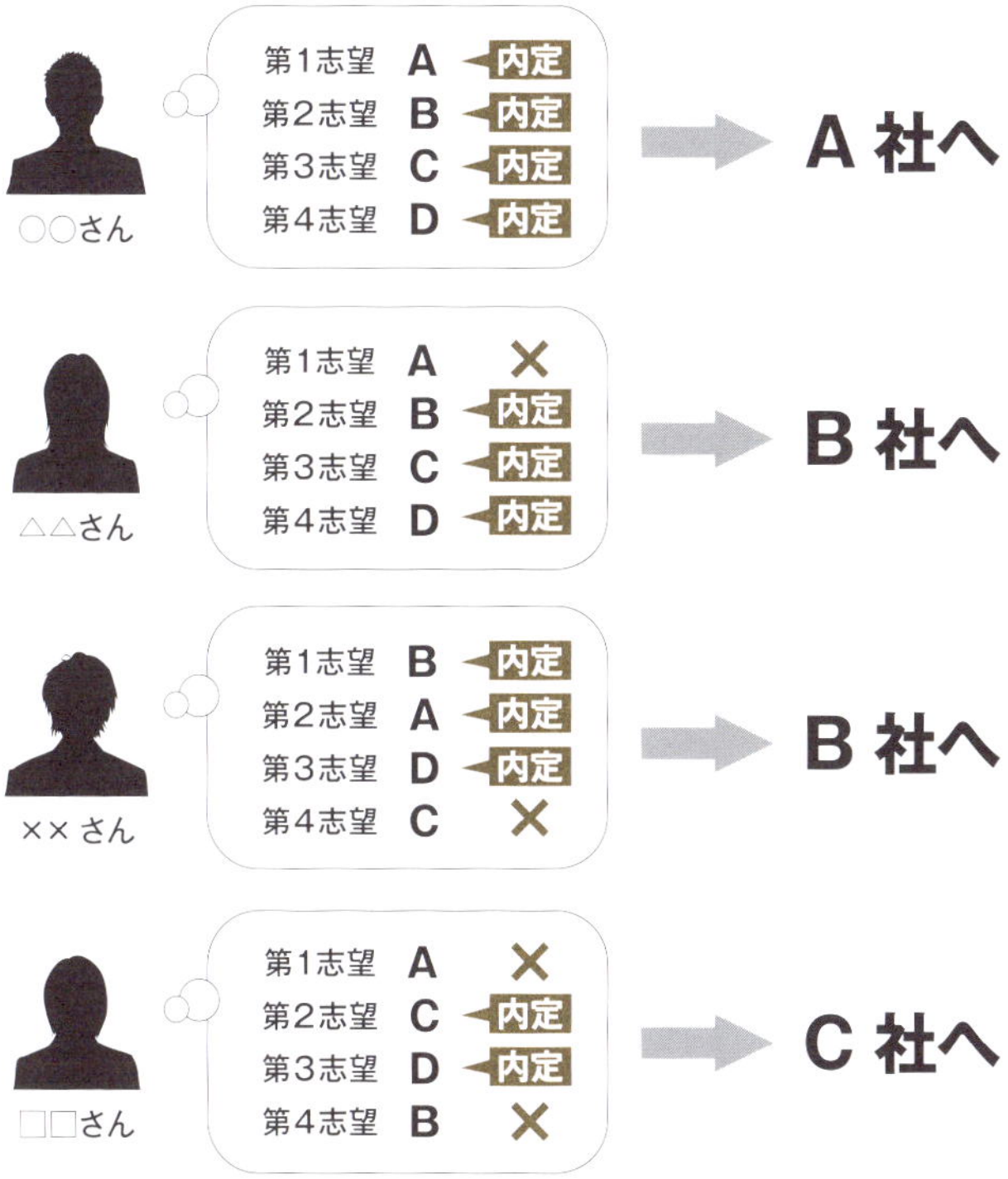

志望順位の低い D 社はなかなか採用できない

どんな面接でも必ずすべき5つのこと

大まかな流れを頭に入れて

面接の時間は限られています。無計画で臨むと、聞きたいことが聞けず、けっきょく「明るい」「元気そう」「やる気を感じる」などと印象で採否を決めることになりかねません。

時間を有効に使うには、応募書類を事前に読みこみ、どう面接を進めるかをイメージしておくことが不可欠です。あらかじめ大まかな面接の流れを考えておきましょう。

ここでは、私の考える一般的な面接のプロセスと最低限チェックすべき項目をご紹介します。**プロセスは、①自己紹介→②過去の実績や経験の確認→③転職理由・志望動機の確認→④応募者からの質問**となり、全体を通して**⑤フィーリングのチェック**をします。

①自己紹介でマナーや印象をチェック

応募者に簡単な自己紹介をしてもらい、話し方や表情などから最低限のマナーが身

面接の流れとチェックすべき５項目

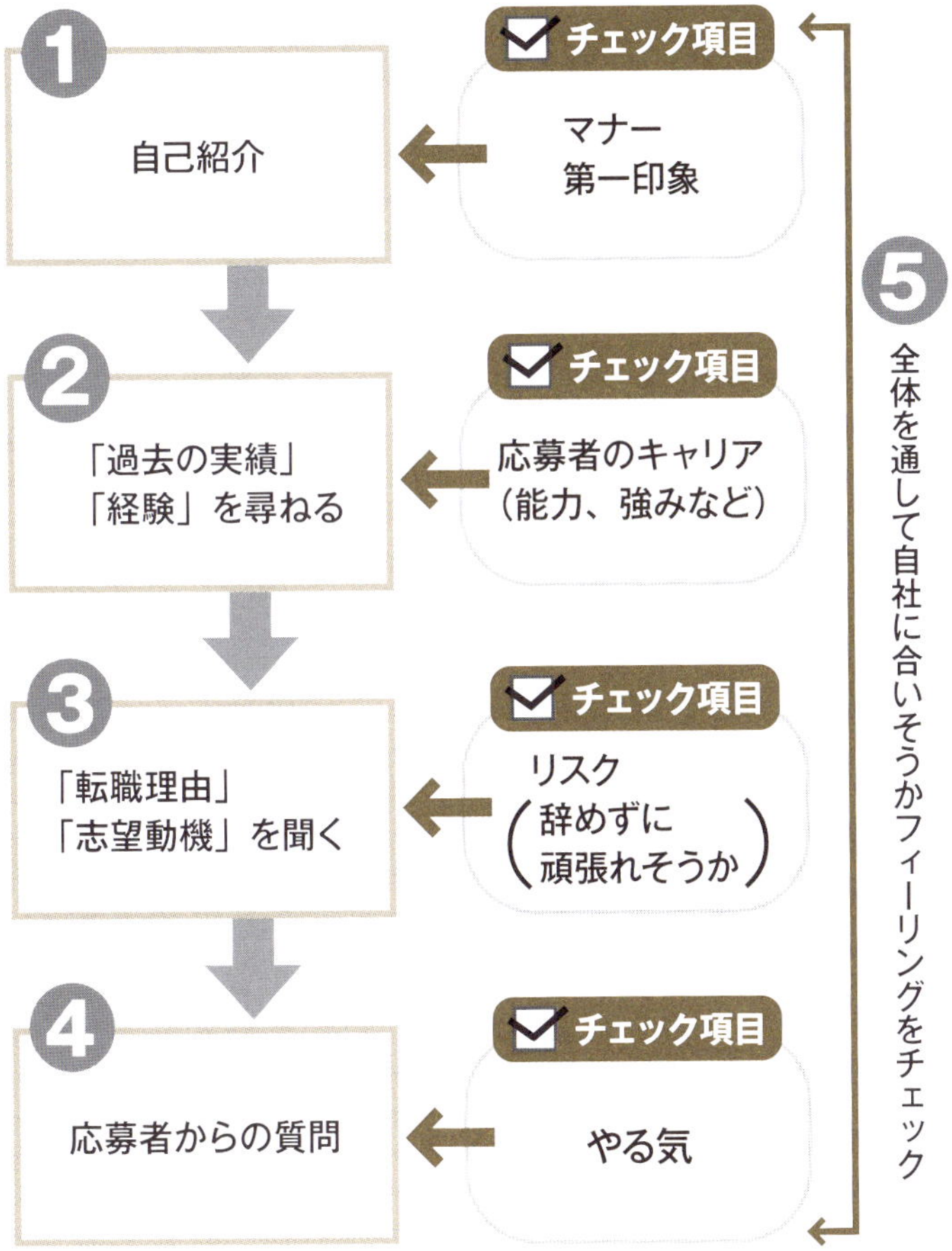

についているか、人にどんな印象を与えるかを見ます。同時に、受けた印象に基づいて、気になったことを掘り下げる質問を頭のなかで考えはじめます。

②キャリアをチェック

キャリアチェックとは、今までの仕事の実績や経験から応募者の能力や強みを確認し、自社でどんな仕事を任せられそうか、どれくらい活躍してくれそうかを考える（シミュレーションする）ことです。

このときに大切なのが、結果や成績だけにこだわらず、ＰＤＣＡにも目を向ける（46ページ参照）こと。結果までの過程を聞き、応募者本人の努力や能力がどれほどかを確認します。また、挫折や困難な状況を乗り越えた体験も、ＰＤＣＡに注目すれば、ストレスへの強さや対応力がわかります。

③転職理由・志望動機を尋ねてリスクチェック

多くの面接官がする質問ですが、何のために尋ねるのかよく理解している人はほとんどいません。とくに自社が第一希望かどうかをやたら知りたがる人もいますが、何の意味もありません。

このリスクチェックで確認すべきは、文字どおり応募者の持つリスクです。ここでいうリスクとは「退職される」こと。採用後すぐに辞められてしまうのは、面接官としてもっとも避けたい事態です。そこで、転職理由・志望動機を聞いて「辞めずに続けられる人か」をチェックするのです。「なぜ転職するのか→なぜ当社を志望したのか」の流れ（ストーリー）を聞いて、仕事をするうえで支えとなる応募者の目標や夢を探ります（48ページ参照）。

④応募者からの質問でやる気をチェック

面接の最後に、応募者からの質問を受ける時間をぜひ設けてください。質問内容や答えに対する反応などから、応募者のやる気がわかります。

⑤全体を通してフィーリングをチェック

面接全体を通じ、受け答えや立ち居振る舞いから、応募者の大まかなキャラクターを把握。そのうえで、自社の環境や仕事に適応できそうか相性をチェックします。

面接には「先輩」として臨め

「取り調べ型」の面接官は嫌われる

応募者から、より正確な情報を引き出そうとの気持ちが強すぎて「○○の経験があると書いてありますが、実際はどうなんですか?」「本当に大丈夫?」と疑うように質問したり、「ほお……それで?」「次は?」「それはどうして?」など矢継ぎ早に質問したりして、面接がまるで取り調べのようになってしまうケースをよく見かけます。

応募者にだまされまいと「見抜こう・見破ろう」とする意識が働くのはわかります。しかし、取り調べ型の面接は、面接官が思っている以上に応募者に過度なプレッシャーや不快感を与えることがあるので注意が必要です。

会社の先輩のような目線を持つべき

「選考」だけが目的の従来型の面接では、情報収集が重要視されてきました。しかし今は、それではダメ。応募者からの情報収集だけでなく、応募者への情報提供をバランスよく両立させる必要があります。そこで私がおすすめするのが、面接には「先輩」として臨むということです。

少し先に入社した先輩として、これからいっしょに働く後輩（応募者）と話すつもりになれば、取り調べのような面接にはなりません。「どんな仕事がしたいのか聞かせてくれますか？」「僕はこう思うけれど、◯◯さんはどう思いますか？」などと、応募者と**同じ方向を向いて、いっしょに考えるスタンスを意識してみてください。**そんな相手になら、応募者も心を開いて話をしてくれるはず。結果的に、応募者のホンネが引き出せるでしょう。

また、先輩という立場なら、入社先を選ぶ判断材料として、会社や仕事の情報も自然に伝えられます。自分の経験をもとに、自分の言葉で仕事のやりがいを伝えれば、応募者の心に響くはずです。ときには仕事の大変さを話すのもよいでしょう。仕事の魅力も苦労も、先輩が活き活きと話をすれば、後輩には魅力的に映ります。「こんな先輩と働きたい」と思ってもらえる、理想の先輩像を目指しましょう。

面接では結果より PDCA & ストーリーを重視

一問一答式の面接はするな

よく見かける下手な面接に、一問一答のような面接があります。「仕事をするうえで心がけていることは何ですか？」「今まで一番つらかったことは何ですか？」「ストレスはたまりやすいですか？」といった、用意した質問をひとつずつしていくだけの面接です。断片的な質問に対する答えの良し悪しだけで応募者を判断することになります。

しかし、こんな表面的なやりとりでは、応募者の本質はわかりません。受け答えの上手な応募者にだまされてしまう危険性も高いでしょう。

面接では、応募者の経験や行動を深く掘り下げて聞くこと。その際、意識してほしいのが、仕事や行動のプロセスを確認することです。

物事に「起承転結」があるように、**仕事にも【「きっかけ」→「行動」→「結果」→「学んだこと」】というPDCAのサイクルがあります。これを確認しなければ、**

応募者がこれまで仕事をどう進めてきたのか、仕事に対しどう考えてきたのかはわかりません。

結果ではなくプロセスから見抜く

たとえば応募者の経験や実績からキャリアチェックを行う場合も、ＰＤＣＡを追って確認することが重要です。

よく「目標達成率１００パーセント」「売上が前年比１２０パーセント」などのわかりやすい結果だけで、「優秀だ」と判断してしまう面接官がいますが、これは危険。その成果はあくまで現職（前職）で挙げた実績や成績だからです。御社に入社後も、同じように活躍してくれる保証はありません。

応募者の将来性を見極めるには、「実績を挙げるためにどんな工夫をしたか（行動）」「その工夫を始めたのはなぜか（きっかけ）」「その成果はどうだったか（結果）」「結果を受けて今後の課題は何か（学んだこと）」に着目して、結果の裏側をチェックします。そこから、応募者の実績が本人の努力や工夫によって成し遂げられたものなの

PDCAのサイクル

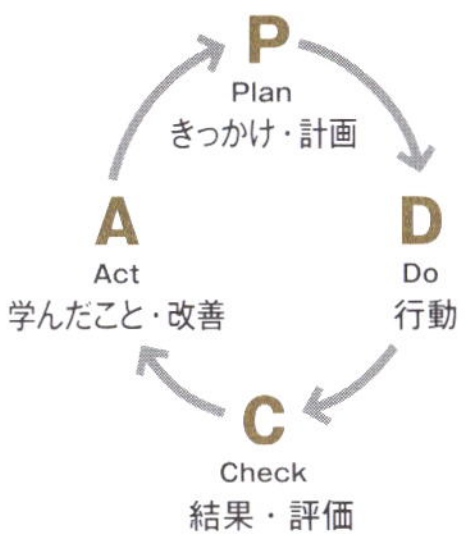

か否かが見えてきます。**すばらしい実績の裏には、優れた上司の助けがあったり、大口の顧客がいたりします。それをここで見抜くのです。**

転職にストーリーがあるかがキモ

転職理由や志望動機は「不満を言うタイプか」「入社の意欲が感じられるか」という表面的な印象だけで判断しがちです。しかしそれでは、応募者が面接のために用意した台本がよくできているか、そうでないかを添削しているだけになってしまいます。

転職理由、志望動機は、それぞれを単独の質問としてとらえないことがポイントです。人が転職するとき、背景には必ず「ストーリー」があります。入社後、辞めずに頑張ってくれそうかは、それを意識して質問することが大切。**つまり「なぜ転職しようと思ったのか」→「転職で実現したいこと、目標は何か」→「なぜ当社を志望したのか」という転職活動のストーリーです。**そこでその流れに矛盾はないか、今後の目標が明確にあるかをチェックします。

やりたいことがあり、そのために御社を志望している人なら、仕事が多少きつくても、目標に向かって頑張ってくれると推測できます。

質問の仕方の良い例と悪い例

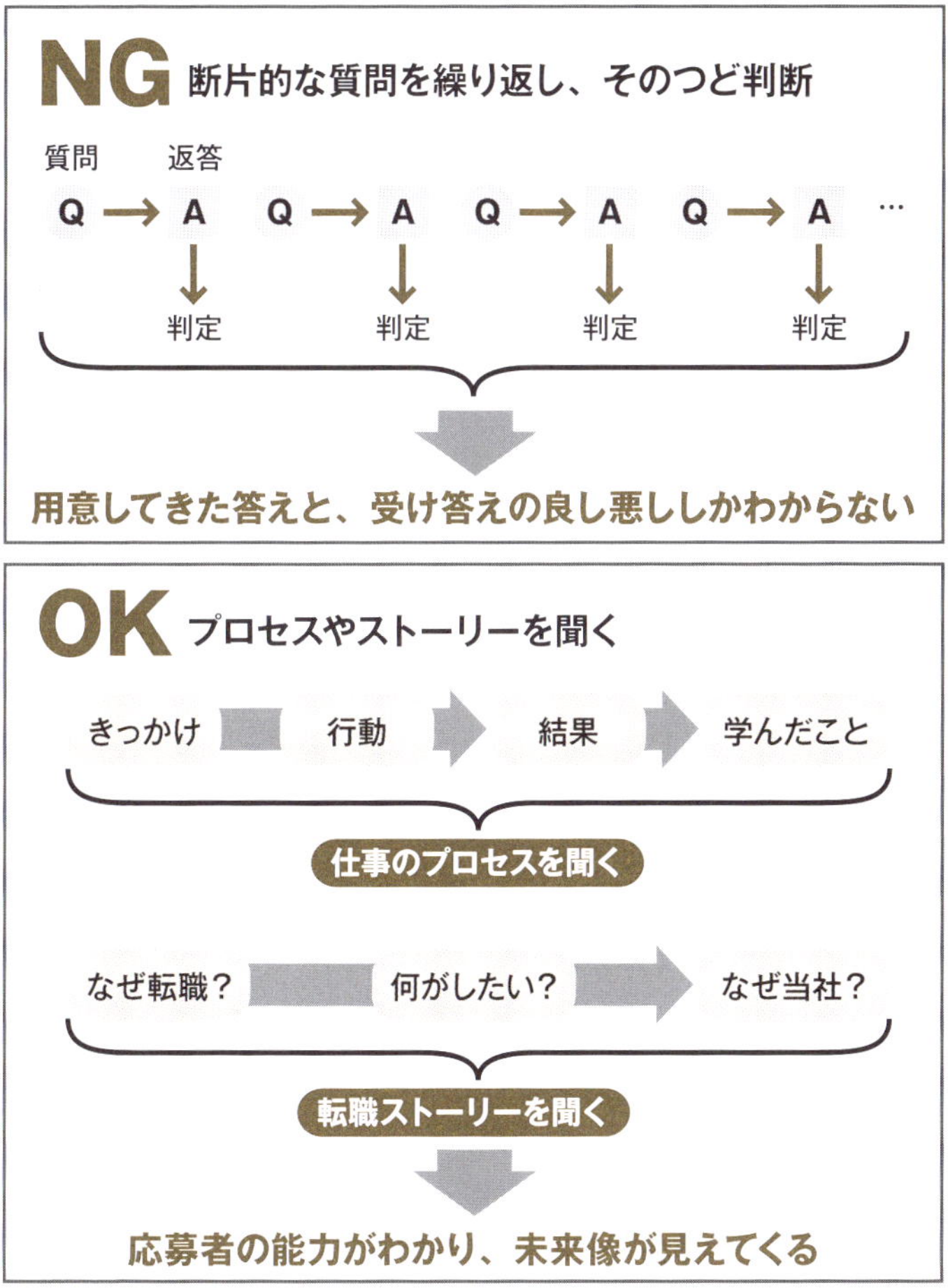
NG 断片的な質問を繰り返し、そのつど判断
質問
返答
Q → A Q → A Q → A Q → A …
判定
判定
判定
判定
用意してきた答えと、受け答えの良し悪ししかわからない
OK プロセスやストーリーを聞く
きっかけ
行動
結果
学んだこと
仕事のプロセスを聞く
なぜ転職？
何がしたい？
なぜ当社？
転職ストーリーを聞く
応募者の能力がわかり、未来像が見えてくる

細井のメソッド 05

「マッチング」でなく「シミュレーション」で選ぶ

理想の条件にこだわりすぎると視野が狭くなる

以前、香港で食べたチーズがとてもおいしかったので、日本のスーパーやデパートで同じチーズがないか探し回ったのですが、見つからずにやむなく断念してしまったことがありました。採用の現場でも同じようなことが起きています。

たとえば「ぜひ欲しい」と思った人から辞退されてしまったあとなどに起こりがち。「あの人と同じような人と出会いたい」と思うと、特定のメーカーが作った特定の商品を探すように、同じような人を追い求めてしまうのです。そして逃した魚は大きかったと、イメージが昇華してしまうのです。

このような面接では、最悪の場合、採用したい人は永遠に見つかりません。けっきょく疲れて、「どこにでも売っているプロセスチーズを買ってしまう」事態になりかねません。

理想のタイプとは違っても、御社が採るべき優秀な人材はたくさんいるはずです。

デキる営業マンというと、明るく話し上手な人を連想しがちですが、口べたでも、見た目が地味でも、自分なりの工夫で好成績を挙げている人も大勢います。ところが、最初から「雰囲気が明るく、話し上手な人」の条件だけにこだわっていると、視野が狭くなり、違うタイプの優秀な営業マンには目が向かなくなります。

理想にぴったり当てはまる応募者を探す「マッチング」にこだわりすぎると、けっきょく、採用したい人が見つからない事態に陥るのです。

人材は「限られた資源」です。そこから、活躍してくれる人を見いだして採用しなければなりません。

そのために、私が面接に取り入れるべきと考えるのが「シミュレーション」です。

自社で活躍できそうかを推測する「シミュレーション」

シミュレーションとは、応募者が自社に入社した場合、どんな仕事ができそうか、どんな場面で活躍してくれそうかを推測（想像）することです。

マッチングだと、条件に合うか合わないか、理想のタイプか否かがおもなチェックポイントになってしまいます。**条件に合わないと思った時点で、応募者の本質や能力**

を見抜こうという意識は消えうせてしまいます。優秀な人材と出会う機会を自ら減らしているのと同じです。

一方、シミュレーションを意識すれば「この応募者を採ったらどんな活かし方ができそうか」をイメージしながら面接できます。想像するには情報が必要なので、応募者の話を掘り下げて聞くようになります。その結果、御社で活躍してくれそうな人を見逃さずにすみます。また、いろいろな応募者と向き合うことで、人を見る目も養われていきます。

では、シミュレーションを上手に行うには、具体的にどうすればいいのでしょう。おすすめなのが、ロールモデルとなる社員を見つけておく方法です。どういう人を採用したいかを具体的にイメージできるよう、社内で見本となる人物を数名ピックアップしておきます。

なるべく多様なロールモデルを見つけておけば、「この人は入社後、○○君のように仕事をしてくれそうだ」「この応募者は△△タイプだな」などと、入社後の応募者を推測するときの目安となります。さらに、そのタイプの弱点までふまえて面接すれば、よりよい採用ができるでしょう。

「マッチング」の危険性

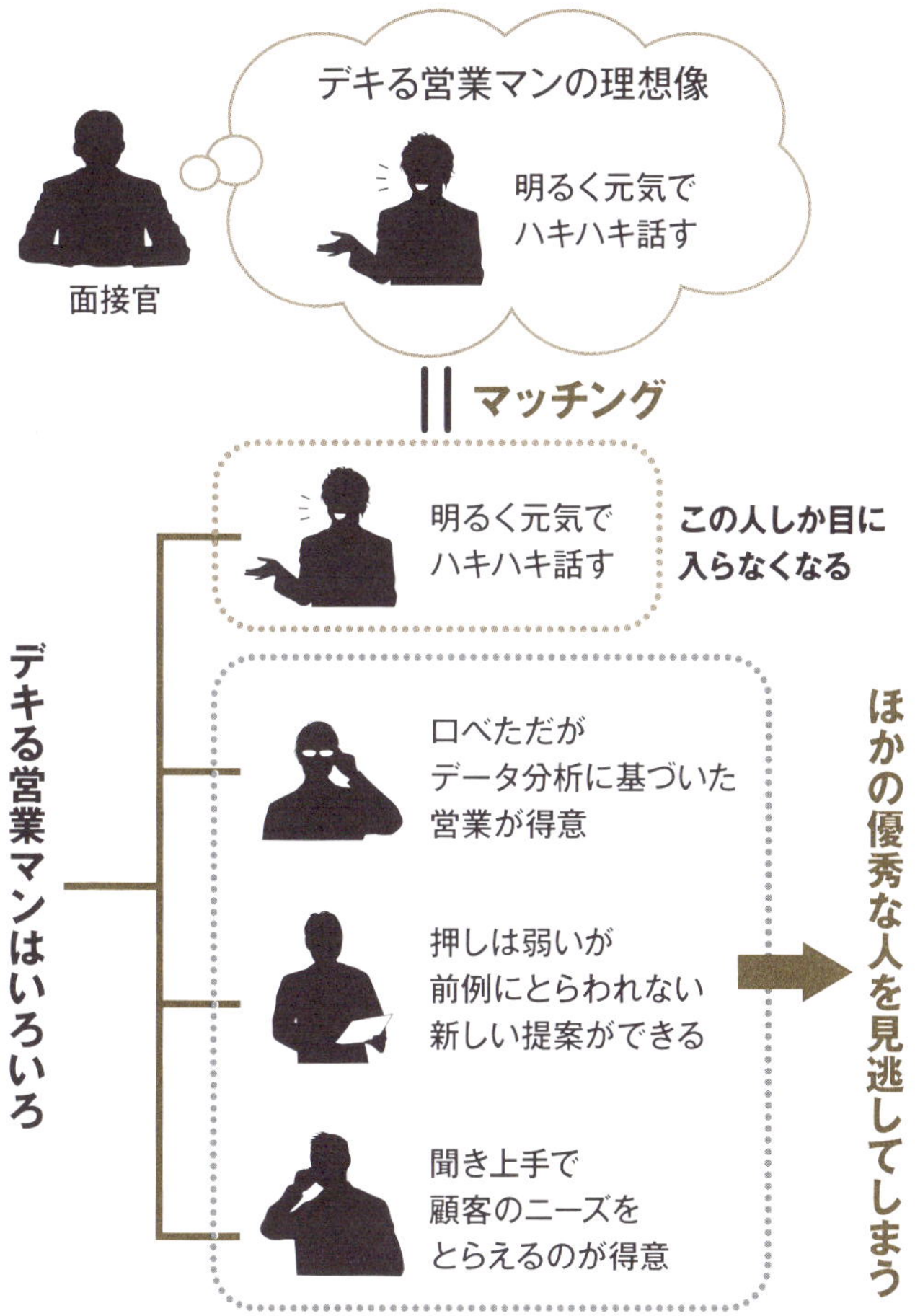
デキる営業マンの理想像
明るく元気で
ハキハキ話す
面接官
マッチング
明るく元気で
ハキハキ話す
この人しか目に
入らなくなる
デキる営業マンはいろいろ
口べただが
データ分析に基づいた
営業が得意
押しは弱いが
前例にとらわれない
新しい提案ができる
聞き上手で
顧客のニーズを
とらえるのが得意
ほかの優秀な人を見逃してしまう

直感の力も信じる

「直感」と「思い込み」は違う

面接では、応募者の実績や経験、そのPDCAやストーリーを掘り下げて確認するので、ロジカルなテクニックが必要です。とはいえ、そこは人と人が対峙《たいじ》する場。面接官も人間なので感情や感覚は無視できません。

私自身、数多くの応募者を見てきて「とても優秀だと思うけれど、なんとなくいやな感じがする」「秀でた実績や経験はないけれど、何か光るものを感じる」ことがあります。そして、その直感が当たることも珍しくありません。一度でも面接官になったことのある人なら、同じ経験があるのではないでしょうか。

ただ、セミナーの受講者からは「直感を信じて採用したら、失敗してしまった」という話もよく聞きます。

この場合に多いのが、応募者の経歴や外見など際だった特長にひきずられて、よい評価を下してしまうケースです。このように、ある特長をもってすべてを決めつけてしまう現象を「ハロー効果」といいます。たとえば、弁護士や医者という肩書を聞いたとたん、その人が立派で聡明《そうめい》に見えたりする心理現象がそれに当たります。

面接ではよく「4年間、大学の運動部で国体の出場経験がある」と聞いただけで、「根性があって我慢強い」と印象づけられたり、「3年連続営業成績トップで表彰された」という情報だけで「うちの会社でもよい成績を挙げてくれるだろう」と決めつけてしまうことがあります。また、一度でも好印象を持つと、「運動部での経験で忍耐力がついたのでは？」などと質問も誘導的になってしまいがち。その結果、間違った採用につながることがあるのです。

経歴や外見などの表面的な情報で採否を決めるのは、直感ではなくただの「思いこみ」です。勝手に思いこまないよう、応募者をロジカルに判断したうえで、直感を働かせましょう。

未来の姿を推測するには直感も必要

本来、面接で見極めなければならないのは応募者の未来の姿です。自社に入社したら、活躍してくれそうか、その後、成長して会社を支えてくれそうか、が採用の一番の決め手となります。それを判断するには、過去の経験や行動をＰＤＣＡに注目して深く掘り下げることが大切であると前述（46ページ参照）しました。

ただ、それでも未来を確実に予測することはできません。その不安定な予測をサポートするのが直感なのです。直感とは、コンピューターにはない、人間だけが持つ極めて優れた能力だと思います。

基本は、応募者の過去の話をじっくり聞き冷静に判断することですが、それだけでなく、目の前の応募者から発せられている「何か」も感じ取ってほしいのです。「過去の実績はないけれど、何かやってくれそうな気がする」「うちの会社に合っていそうだ」「実績やそのプロセスは申し分ないくらいすばらしいけれど、なんとなく信用できない」などと感じたら、さらに深く話を聞いてみてください。

もちろん、それでも答えが出ないこともあるでしょう。そのときは「この人にかけてみよう」「ダメだったら自分が面倒みよう」と思えるかがポイント。**何かあったら「責任は自分が持つ」と思えたら、直感を信じるべきです。**

直感の使い方

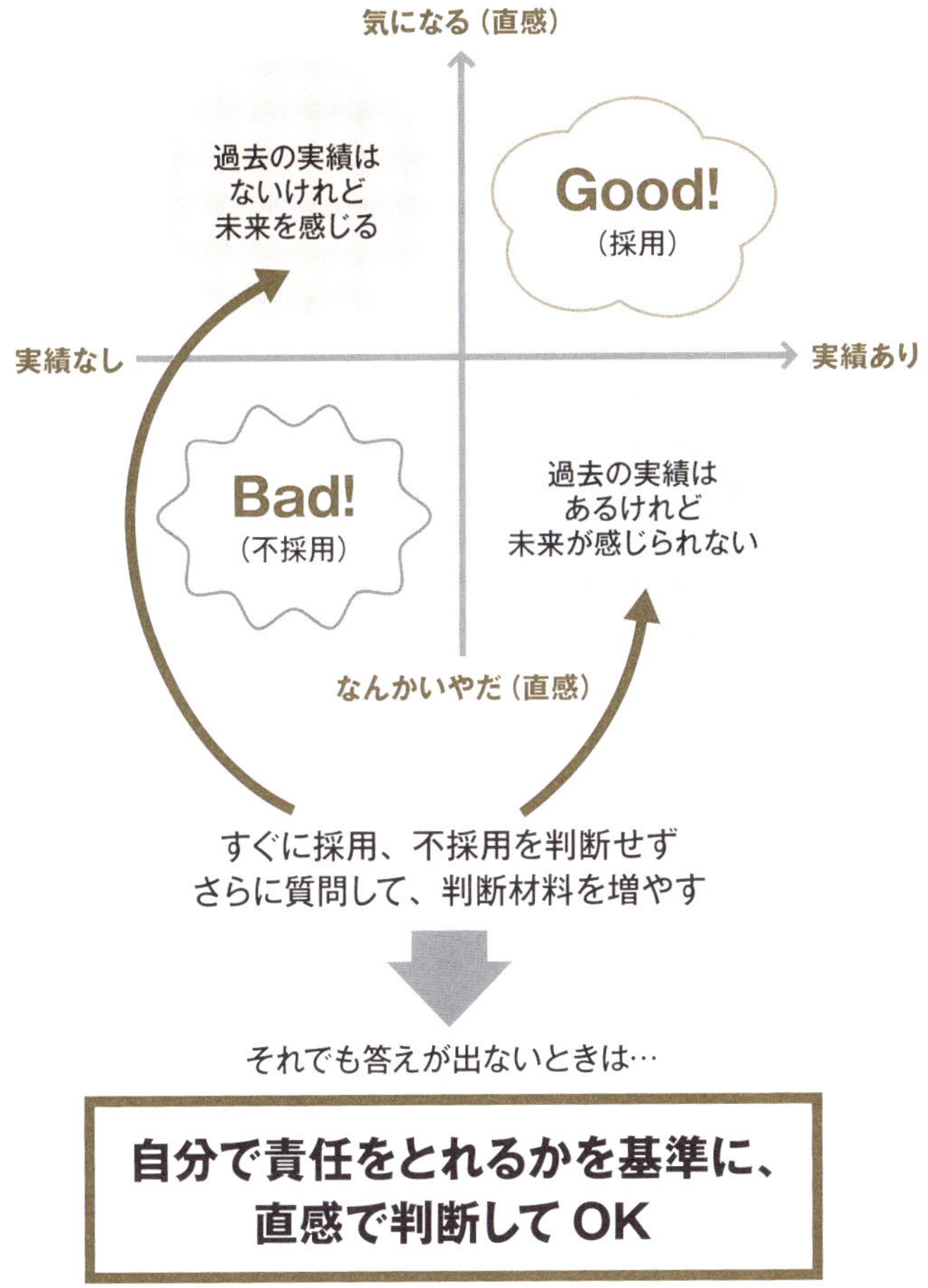
気になる（直感）
過去の実績は
ないけれど
未来を感じる
Good!
（採用）
実績なし
実績あり
Bad!
（不採用）
過去の実績は
あるけれど
未来が感じられない
なんかいやだ（直感）
すぐに採用、不採用を判断せず
さらに質問して、判断材料を増やす
それでも答えが出ないときは…
自分で責任をとれるかを基準に、
直感で判断してOK

新卒面接も転職面接も見抜き方は同じ

見極めるべきは入社後の姿だけ

転職面接では、即戦力になるか否かを重視し、過去の仕事内容や実績をチェックしますが、新卒面接では、入社後の成長性や可能性（ポテンシャル）が採用のポイントとなります。採用ではこの点が、新卒と転職の大きな違いといえるでしょう。

しかし、どちらもエピソードを聞き出し、応募者の未来の姿を推測する点では変わりません。面接で見極めたいのは「入社後に活躍してくれるか」「現在よりも成長していい仕事をしてくれるか」の2点です。

キャリアのない新卒の場合、学生時代の経験だけが判断材料となります。勉強、サークル活動、アルバイトなど大学4年間をどのように過ごしてきたのか、失敗したり、苦労したりしたエピソードを聞いて、応募者の将来像を推測することになります。

新卒面接と転職面接の比較

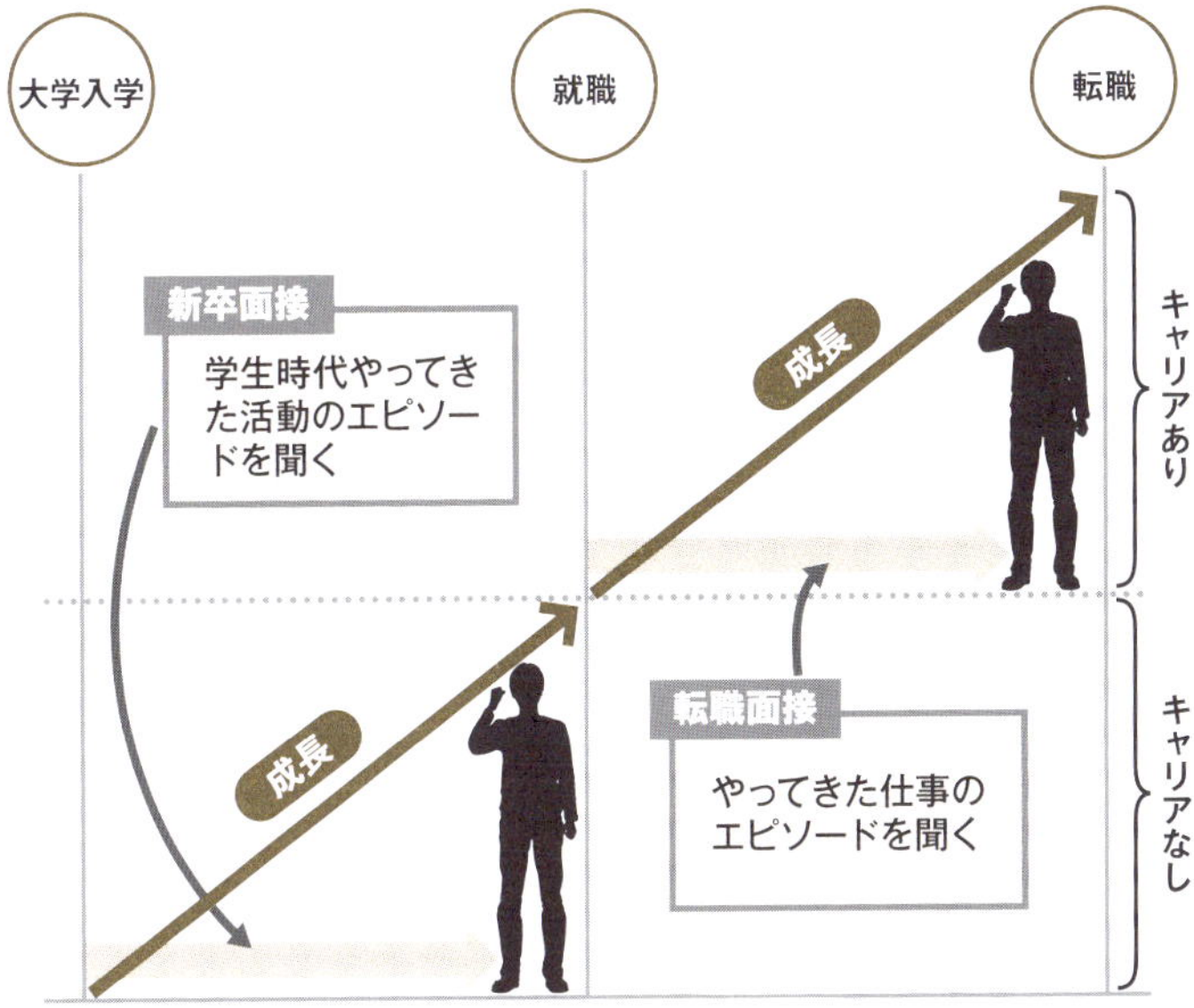

- 新卒も転職も過去のエピソードから未来を推測するのは同じ
- 新卒は仕事経験のないぶん、判断しにくい

新卒面接は、今をチェックする意識がより大切

新卒面接は転職面接に比べ、判断材料が少ないため応募者の選考はより難しいといえます。

さらに、その少ない判断材料も応募者間で違いが出にくいという問題もあります。学生時代の経験は、大きく変わらないことがほとんどだからです。勉強熱心でまじめな学生は、準備や企業研究をしっかり行ってから面接に臨むので、面接官の質問にもそつなく答えます。そのため、新卒面接の担当者からは「応募者みんながすばらしく優秀に見えてしまう」「優劣がつけにくい」との声も多く聞かれます。

新卒面接で、応募者の能力やポテンシャルを見極めるには、やはり、経験や行動をプロセスに着目して深く掘り下げて聞いていくしかないでしょう。

その際、過去のことだけでなく、現在の行動を聞いてチェックするのが有効です。**たとえば「自分の強みを就職活動でどう活かせているか」を聞いてみてください。**答えられない学生もたくさんいるはず。御社で活躍してくれそうな応募者を見抜くのに役立つでしょう。

新卒面接で無理に「志望動機」を聞く必要はない

ただ、新卒面接は応募者が多いため、短時間で合否を判断しなくてはなりません。そのため、応募者どうしのディスカッションやグループインタビューなどの形式がとられることも多いでしょう。**応募者一人ひとりに話を聞く時間が限られているのなら、質問内容も厳選しておくことが大事です。**

そこで新卒採用にかかわる面接官の方々に伝えたいのが、学生に「志望動機」を聞いてもあまり意味がないということ。当たり前のように学生に志望動機を聞く面接官が多いと思いますが、社会経験がなく、どこの部署に配属されるかもわからない学生に尋ねたところで、明確な目標や夢が聞けるはずもありません。学生の口から出るのは、会社の表面的な特長や業種全体の魅力にとどまるでしょう。そこからわかるのは、企業や業種の研究をしてきたかどうかだけです。それより、経験のＰＤＣＡを聞いたほうが、たくさんの情報を得られます。

限られた時間で自社に必要な学生を選ぶのに、本当に必要な質問とは何か、もう一度じっくり考えてみてください。

Column

靴を見るとその人がわかる?

ある営業出身の人事担当者が「私は、面接ではまず靴を見る。靴を見ると、その人の暮らしがだいたいわかる」との持論を語ってくれたことがありました。「神はディテールに宿る」というある建築家の有名な言葉がありますが、たしかにふとしたしぐさや言葉にその人がにじみ出てくることがあります。面接で靴を見る人は少数派でしょうが、カバンの置き方、コートの扱い方、渡した名刺の受け取り方など、ちょっとしたしぐさをチェックする人は多いはず。そこで、応募者の本質を見た気になることも少なくありません。

では逆に、そんな些細なディテールで自分たちが判断されているとしたらどうでしょう。じつは、応募者も、面接会場にある「ガラス製の大きな灰皿やバブル期を思わせる豪華な絵画」「汚れた机やイス」などから会社を評価したりします。企業側からすれば、その評価は会社や仕事の本質からはかけ離れたものだと思いませんか?

「一事が万事」と言いますが、「木を見て森を見ず」とも言います。ひとつの情報にこだわると、かえって応募者の本質を見誤るおそれがあるので、早計にならないよう注意してほしいですね。

Part 3

誰でもすぐに「面接力」が上がる方法

応募者をより深く「見抜く」テクニック

パート2では、面接を行うときに必要な心得を説明しました。このパートでは、より具体的なテクニックを紹介します。

経験を5W1Hに分解して確認

応募者の能力や本質を見抜くテクニックは大きく分けると2つあります。

まずひとつが、5W1Hを意識して質問すること。過去の仕事や経験を「When（いつ）」「Where（どこで）」「Who（誰が）」「What（何を）」「Why（なぜ）」「How（どのように）」で、分解していくのです。

「ひとつの企画を立ち上げるために、何回くらい打ち合わせをしたのか」「そこでとくに心がけていたことは何か」「それはなぜか」などと話を引き出していくことで、応募者の仕事ぶりが事細かに見抜けるようになります。

とくに意識して聞いてほしいのが「Who」と「How」です。

たとえば営業といっても、その仕事内容は幅広いもの。そこで「お客様はどんな方が多かったですか（Ｗｈｏ）」「お客様に商品を売るためにどう工夫してきましたか？（Ｈｏｗ）」などと質問し、応募者が相手にしてきた顧客や仕事を進めるうえでの工夫を確認します。それが御社で活かせるか、つまり**御社の営業職との「接点」があるかないか**、応募者の将来像を見極める判断材料になります。

「きっかけ」「学んだこと」に着目して聞く

もうひとつは「きっかけ」→「行動」→「結果」→「学んだこと」というＰＤＣＡを意識して話を聞くテクニックです。

プロセスに着目している面接官は少なくないと思いますが、それでも「行動」→「結果」だけで終わっている人がほとんどです。**「どんな仕事（行動）をして、どんな実績（結果）を残せたか」だけでは応募者の能力を判断するには不十分。**とくに「きっかけ」は、応募者の自主性を知るための欠かせないキーワードなので、忘れずに確認してください。

たとえば「前年比売上120パーセント」を達成した実績のある応募者に「どのようにして、売上をアップできたのですか？」と尋ね、「アフターサービスや同業他社についての情報を提供したり、顧客との面会回数を増やし、積極的にコミュニケーションをとりました」との答えが返ってきたとします。

思わず「なるほど。そんな工夫をしたのですね」とプラスに判断してしまいそうですが、この返答だけでは、その工夫を自分で考えて行動に移したのか、上司から指示されてやっただけかわかりません。後者なら、御社に入社しても、自分で考え行動する仕事はあまり期待できないでしょう。

応募者が「指示されたことを正確にできる」だけなのか、「指示されなくても結果が出せる」のかを見抜くには、「以前の面会頻度はどのくらいだったのですか?」「なぜ面会回数を増やそうと思ったのですか?」などと行動の「きっかけ」を確認しなければわかりません。

また、「きっかけ」→「行動」→「結果」を受け、「どんなことを学んだのか」までを尋ねてください。ここまで聞いてはじめて、応募者に物事を正確に分析する力があるか、常に新しい課題を見つけて成長していける人物かが見抜けるのです。

「きっかけ」を確認しないと見誤る

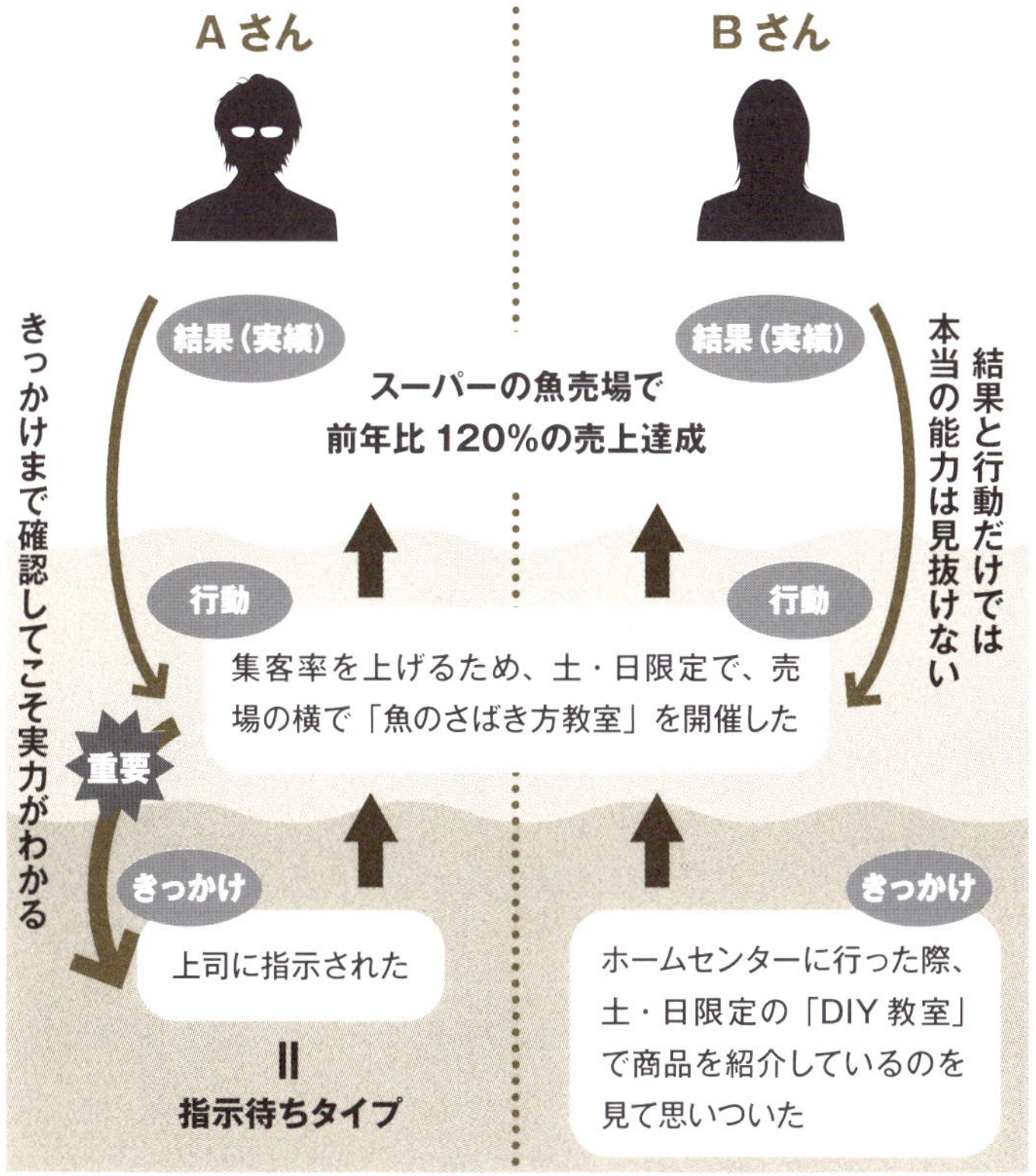
Aさん
Bさん
きっかけまで確認してこそ実力がわかる
結果と行動だけでは本当の能力は見抜けない
結果（実績）
結果（実績）
スーパーの魚売場で
前年比 120%の売上達成
行動
行動
集客率を上げるため、土・日限定で、売場の横で「魚のさばき方教室」を開催した
重要
きっかけ
上司に指示された
＝
指示待ちタイプ
きっかけ
ホームセンターに行った際、土・日限定の「DIY 教室」で商品を紹介しているのを見て思いついた

行動と結果だけでは「言われたことならできる人」か「言われなくても仕事ができる人」かは見分けられない

応募者から話を「引き出す」テクニック

応募者を取材するように話を聞き出して

パート2で、情報収集だけに集中するあまり、取り調べのような面接になってしまうことが多いと述べました（44ページ参照）。いわゆる圧迫面接です。こうなるとかえって、うまく話を引き出せません。

一方で、同じ内容を質問しているのに、応募者が心地よいと感じる面接もあります。その場合、細かいところまで掘り下げて質問されてもあまり気になりません。面接後、私に「とても感じのよい面接官だった」と言う応募者もいました。

では、取り調べ型と心地よい面接の違いはどこにあるのでしょうか。それは、面接に臨むスタンスです。つまり、スタンスを変えれば、今まで応募者に圧迫感を与えていた人も、印象のよい面接官になれるということ。ここでポイントとなるのが「取材感覚」です。

面接に臨む心持ちとしては、先輩としていっしょに考えることが大事だと述べましたが、より具体的なテクニックとしては、取材のように応募者に接するのが効果的なのです。

取材とは、よりよい番組や記事をつくるための情報収集の場。面接も同じ。**相手に気持ちよく話してもらうことが重要なので、面接官は「ぜひ話を聞かせてください」というスタンスで、相手の話を聞きましょう。**

この心構えがあれば、問いかけも「なぜ、その行動を起こそうと思ったのですか？」「もう少し、具体的に教えていただけますか？」とやわらかくなるはずです。「なるほど～」「よくわかります」といったあいづちも自然に打てるでしょう。

そんな面接官に対して応募者は「自分に興味を持ってくれている」「自分を認めてくれている」と感じ、雄弁になります。立て続けに質問するよりも、応募者から話をスムーズに引き出せるのです。

「取材感覚」で判断材料を引き出すコツ

取材のように話を引き出す具体的な方法を4つ紹介します。

Ⅰ．一期一会の意識で丁寧に対応する

転職セミナーの受講者にアンケートで「面接で志望意欲が高まるのはどんなときか」を尋ねたところ、多かった回答が「丁寧に扱ってもらえたとき」でした。応募者を不快にさせずに話を引き出すには、相手を尊重し丁寧に対応することが大切なのです。

たくさんの応募者のひとりとして扱うのではなく、一人ひとりに向き合い、気配りを忘れないでください。お礼やねぎらいの言葉を伝える、丁寧な言葉遣いをする、笑顔で対応するなど当たり前のマナーを見直し、応募者の話に真摯に耳を傾けましょう。

Ⅱ．1回の面接で30回うなずくつもりで

私はこれまでに2000回以上のセミナーや講演会を行ってきましたが、「今日はどうも話しづらいな」というときがあります。それは、受講者の反応が弱いときです。そっぽを向いてこちらを見てくれなかったり、背もたれに寄りかかったまままつまらなそうにしていたりするのを目にしたとたん、話す気力がなくなります。

逆に、こちらを向いてうなずきながら聞いてくれたり、一生懸命メモを取ったりし

ている姿を見ると、自然と言葉がスラスラ出てきます。

人の心を開かせるカウンセリング技術の基本中の基本は「受容（的態度）」と「共感（的態度）」です。そして、受容的態度の代表格がうなずきなのです。

応募者も、面接官が目を見て、うなずきながら話を聞いてくれたら、話しやすいはず。面接の間じゅう、ずっと応募書類ばかり見ている人がいますが、1回の面接で30回は応募者に向かってうなずくくらいの姿勢で話を聞きましょう。

Ⅲ. ほめどころを見つけてほめる

転職者の多くが「誰かに評価されたい」「認めてほしい」という欲求を持っています。そのため、面接官にほめてもらえると、それだけで入社意欲がぐっと高まります。

何も大げさにほめる必要はありません。質問の合間に「頑張ってこられたんですね」「お客様から信頼されていたんですね」など、ひと言発するだけで応募者の心に響きます。面接官は、応募者の経歴や話に「ほめどころ」を探すくらいの余裕を持てると、安心感を与えられ、相手の真価を引き出しやすくなります。

Ⅳ. 相談する

Ⅰ～Ⅲは、応募者が話しやすい雰囲気をつくり、面接官の印象もアップさせることを意識したものでした。対してこの方法は、仕事の相談を持ちかけることで応募者に安心感や満足感を与えると同時に、応募者の能力を見抜くテクニックです。

たとえば、店舗の責任者となる人材を採用したい場合、「売上を伸ばすために、販売員さんたちのモチベーションをアップさせるよいアイデアはありませんか？」など、入社後の仕事につながる内容を相談してみるとよいでしょう。

相談するということは、相手に悩みをうち明けるようなものですから、応募者は心理的に、自分が信頼されていると感じます。同時に入社後のやりがいも想像できるでしょう。また、応募者から出る質問や答えは、「課題発見能力」や「思考力」を見抜く材料にもなります。

取材感覚で「引き出す」ポイント

Ⅰ 丁寧に対応する

今日は
ありがとう
ございます

- 「お越しいただきありがとうございます」という気持ちで
- マナーを守って相手を尊重する

Ⅱ 興味を持っていることを全身で表す

うん
うん

- 1回の面接で30回以上うなずく
- 応募書類ばかり見ず、相手の目を見る

Ⅲ よい点は口に出して伝える

すごい
ですね！

- 返答を聞きながら「評価できる点」はないか探す
- 素直な言葉で伝える

（Ⅰ〜Ⅲ）相手が気持ちよく話せる雰囲気をつくる

Ⅳ 相談する

アイデアを
ください

- あなたの意見を聞きたいというスタンスで
- 実際に今、抱えている企画やプロジェクトの話をしてみる

（Ⅳ）課題発見能力・思考力を見抜ける

「この会社で働きたい」と思わせるテクニック

誰にでもできる、応募者を「引きつける」コツ

面接には「選ぶ」という目的のほかに、「選ばれる」必要があることはパート2で述べました（37ページ参照）。そのためには会社や仕事の魅力を上手にアピールし、「この会社で働きたい」と思わせなければなりません。

そこで実行したいのが次の4つのテクニックです。

Ⅰ．アウトプットする

面接では、応募者の人となりや能力を見抜くための情報をインプットすると同時に、応募者にとって自社がどういう会社なのか、どんな仕事ができるのか、といった情報をアウトプットする必要があります。応募者に、他社にはない魅力や仕事のおもしろさを伝えなくてはならないのです。

その際、意識したいのが、具体的なエピソードやストーリーで話すということ。「風通しのいい会社です」「教育制度が充実しています」など会社のホームページにあ

りがちな漠然とした表現では、相手に何も伝わりません。

「教育制度が充実している」のなら、どのくらいの頻度で、どんな教育を行っているのか、制度の具体的な内容を伝えること。**応募者が入社したら、どのように成長できるかをイメージさせてあげることを心がけてください。**

たとえば「入社後すぐに◯◯のプロジェクトを任された」「2年目で、◯◯の技術が身についている」など社内のロールモデルとなる人物を自社の製品やサービスにからめて具体的に語ってあげると伝わりやすいでしょう。

また、自分のことを自分の言葉で語ることも意識してください。「弊社の場合は」「我々としては」などと会社の立場でばかり話すと、当たり障りのないことだけを語っているように受け取られます。「私も入社1か月後には、新商品の開発プロジェクトに参加することになって……」と面接官自身が、自分の体験や思いを語ったほうが、応募者には仕事のやりがいやおもしろさがイメージできるでしょう。

Ⅱ．活き活きと話す

応募者にとって、面接官はその会社で働く人のロールモデルのようなものです。それが、疲れ切った様子だったり、ぼそぼそと話してやる気がなさそうだったりしたらどうでしょう。そんな人が働く会社に、入りたい人などいないはずです。

同じ内容でも、話し方で受け取られ方は大きく異なります。会社や仕事のよさを伝えたいのであれば、面接官が活き活きと語らなければなりません。

日常の業務を抱えながら面接官を務めなければならない人も多いでしょうが、そこは気持ちを切り替え、よき先輩を「演じる」くらいの気持ちで面接に臨んでください。それくらいでないと、短い面接時間では伝わらないからです。

Ⅲ. チラッとハードルを見せる

71ページでほめることの効果を説明しましたが、「ほめる」のは「へりくだる」のとは違います。実際、「君ならすぐに通用する職場だから」「君のように大手にいた人ならすぐにこなせる仕事ばかりだから」と言われて、喜ぶ応募者はいません。ラクすぎて刺激のない仕事では、達成感が得られないからです。

会社や仕事に魅力を感じてもらうには、応募者を成長させるハードルもあることを示すのが有効です。「現職でも、いろいろな実績を挙げているけれど、うちではさらに大規模なプロジェクトを指揮してもらいたい」など、具体的に伝えます。

ただ、高いハードルを見せるだけでは脅していると受け取られ、応募者を尻込みさせるだけです。ハードルを示したら、「君ならできるはず」「チャレンジしてほしい」と、応募者の可能性を認めて背中を押すことも忘れないでください。

Ⅳ. 宿題を出す

次回の面接や内定まで時間が空くと、応募者の志望意欲が下がってしまったり、興味が他社に移ったりします。そこで面接後も、自分たちの会社への興味・関心を維持してもらうために有効なのが「宿題」です。たとえば「次回までに考えてほしい」と「キャンペーンの企画」や「販売店の問題点」など、仕事にかかわる課題を出しておくのです。すると、すでに御社の仕事に携わっているような気になってもらえるので、面接後も、志望意欲を高めることができます。

課題までは出さなくても、面接の最後に「弊社に入社するかどうか、真剣に考えてみてください」のひと言を伝えるだけでも効果はあります。面接後も、自社について考えてもらえるよう、工夫することが大切です。

応募者に「ホンネを語らせる」テクニック

応募者の「素」を引き出す心理テクニック

応募者から話を聞き出そうとしても、なかなかうまくいかなかったり、まだ相手が何か隠していそうなときには、ここで紹介する心理学的テクニックを試してみてください。応募者の「素」の姿が見えてくるはずです。

【おうむ返し】

自分が話しているとき、相手が黙ったままよりも、「うん、うん」「へえ」とあいづちを打ってくれるほうが話しやすいことは、みなさんも経験上ご存じだと思います。

なかでも、相手の心を開く効果の高いあいづちのテクニックに「おうむ返し」があります。相手の言葉を繰り返す方法です。

たとえば、応募者が「現在の会社では、入社直後からマーケティング部に配属され、5年間、販売戦略の立案に携わってきました」と言ったら、「販売戦略の立案ですか」

と最後の部分を繰り返すのです。すると相手は、話をきちんと聞いてもらえている、受け入れられていると感じ、続きを話しやすくなります。

【共感する】

応募者の話から気持ちを読み取り、共感を示す方法です。応募者は自分の心を代弁してもらったような気持ちになり、面接官への信頼感が強まります。

ただし、「かわいそうに」「つらいよね」などと、自分の感情のまま同情するだけだと、相手をみじめな気持ちにさせてしまうこともあるので注意。「周りの人には大変さが見えにくいものですよね」「よくひとりでやりきりましたね」と相手の立場や状況を理解してあげることが大切です。すると「じつは……」とさらに自分の経験を話してくれる応募者は多いはずです。「この人はわかってくれている」と感じさせることができると、話をスムーズに引き出せるのです。

【不満や失敗は「あることが前提」で聞く】

現在の会社や仕事についての不満や、過去の失敗体験は、話しづらいものです。

「マイナスなイメージを持たれるのでは」と、不安がる応募者がほとんどだからです。

そんなときは「現在の仕事に不満はありますか?」と不満の有無を聞くのではなく、「現在の仕事で、不満に思っていることは何ですか?」と不満があることを前提に質問しましょう。「私は不満があるのが当然だと思っているよ」ということが伝われば、応募者も話しやすくなります。「真剣に働いていれば、不満が出てくるのは当然ですよね」と、ひと言つけ加えてもよいでしょう。

【変化球の質問をする】

しっかり準備をしている応募者は、想定できる質問には完璧な答えを用意してきています。それだけに応募者のホンネを聞き出しにくい場合もあるでしょう。

「答えが完璧すぎて、なんとなくあやしいな」と感じたら、応募者が想定していなそうな変化球の質問を投げかけると効果的。私のおすすめは「先週は毎日、何時に会社を出ましたか?」「お昼ごはんはどこで何を食べましたか?」と、日常の行動を聞くことです。普段の生活から、毎日の仕事ぶりや「素」の姿が垣間見えるはずです。

「素」を引き出せる、意表をついた質問は？

先週月曜日から金曜日までの退社時間を教えてください
➡現職で、どのくらい残業をしているかがわかる

昨日、朝起きてから夜寝るまでの行動を教えてください
➡朝型・夜型、自己管理ができているかなど、生活スタイルがわかる

1か月間、好きな仕事だけしていいと言われたら何をしますか？
➡普段の仕事以外に成し遂げたいことがあるか、主体的に動けるかがわかる

仕事以外で長く続けていることはありますか？
➡自分なりの目標を持って、物事に取り組む人かどうかがわかる

最近、一番頭にきたことは何ですか？
➡どういうことでストレスを感じるかがわかる

今日のニュースで気になったことは何ですか？
➡普段どんなことに関心があるのかがわかる

Column

「不満を言う人間は採用するな」という都市伝説

ある研修の場で「不満のある応募者は落とせと上司に教わったが、それでいいか？」と質問を受けたことがあります。このように「不満を言う人はNG」と考える人は少なくありません。その理由は「文句を言う人は後ろ向きで使いづらい」「会社に不満があって転職する人は、転職先でも不満が出て辞めてしまうリスクが高い」からだそうです。しかし、本当にそうでしょうか。

私は、仕事に不満はつきものだと思っています。そしてそれが改善を生み出すエネルギーにもなると考えています。文句のない人は、向上心がないとも言えるのではないでしょうか。

求めるべきは不平不満を言わない人ではありません。それを人のせいにせず、少しでも状況をよくしようと考え、行動できる人です。チェックしなければならないのは不満の有無ではなく、不満とのつきあい方なのです。

応募者には、どんなことをいやに思ったのか、それをどのように解決していこうとしているのかを聞きましょう。そこから、ただ不満を言っているだけの人なのか、何か新しいものを生み出せる人なのかを判断してほしいと思います。

Part 4

「質問力」と「見抜く力」を3倍にする実践例

自社ならではの「使える人材」を設定する

準備 01 本番

採るべき人物像を可視化できていますか？

いよいよ本番に向けた、面接の具体的な進め方です。まずは、面接前にすべきことを確認しましょう。

第一に、求める人材像を明確にすること。採用する人を「どのように選ぶか」を考える前に、「どんな人を選ぶか」を決めておかなくてはなりません。ところが、決めているつもりで、抽象的な企業が多いのです。

使える人材を確保するには、自社に必要な人材がもっているべき能力やキャラクターを明らかにし、それを社内で共有することが大切です。役員などの上層部も含めて、さまざまな部署から意見を集め、欲しい人物像をはっきりさせておくのがベストです。

このとき**「コミュニケーション能力」や「チャレンジ精神」といった言葉は封印してください。**採るべき人物像を抽象的な言葉で表すと、人によって解釈が異なってしまうからです。

では、どうすればよいか。**ここでも、応募者から具体的なエピソードを引き出すときに使う５Ｗ１Ｈが役立ちます。**

「どんな人（顧客）に、どんな対応ができる人がよいか」「どんな場面で、どんな行動がとれる人を採るべきか」など、自社の業務を振り返りながら５Ｗ１Ｈで人物像を分解すると、より表現が具体的になり、社内でイメージを共有しやすくなるでしょう。

社員をモデルに、求める人物像をより鮮明に

今必要な人物を、頭のなかだけで考えていると「営業職の採用だから、明るくて、話をするのが得意で、押しが強くて……」といったステレオタイプな人物像になってしまいがちです。これではなんの分析にもなりません。

そこで私が提案しているのが、先述したように社員を基準に、具体的な人物像を思い描く方法です。

営業職の採用なら、現在、営業部で実績を挙げている社員を数名選び、自社の営業に必要な能力やキャラクターを設定するのです。すると、営業で活躍するのが、必ずしも明るく元気な人ばかりでないことがわかります。

たとえば「口がうまいわけじゃないけれど、粘り強く交渉し、自社製品の魅力を伝えられる人」「相手の希望を聞き取る能力に長《た》けた人」が営業成績を挙げていたりします。それが求める人物像のひとつになるわけです。

あるいは、自社の社員たちに足りないものを分析し、求める人物像に反映する方法もあります。

成長過程にある企業や、新しい事業を始めようとする企業で、現在の社員にない能力が必要な場合は、この方法をおすすめします。

将来に向け社員にどう変わってほしいか、どういった能力や技術を身につけてほしいかを探れば、それが御社の求める人物像になります。

求める人物像を具体化する方法

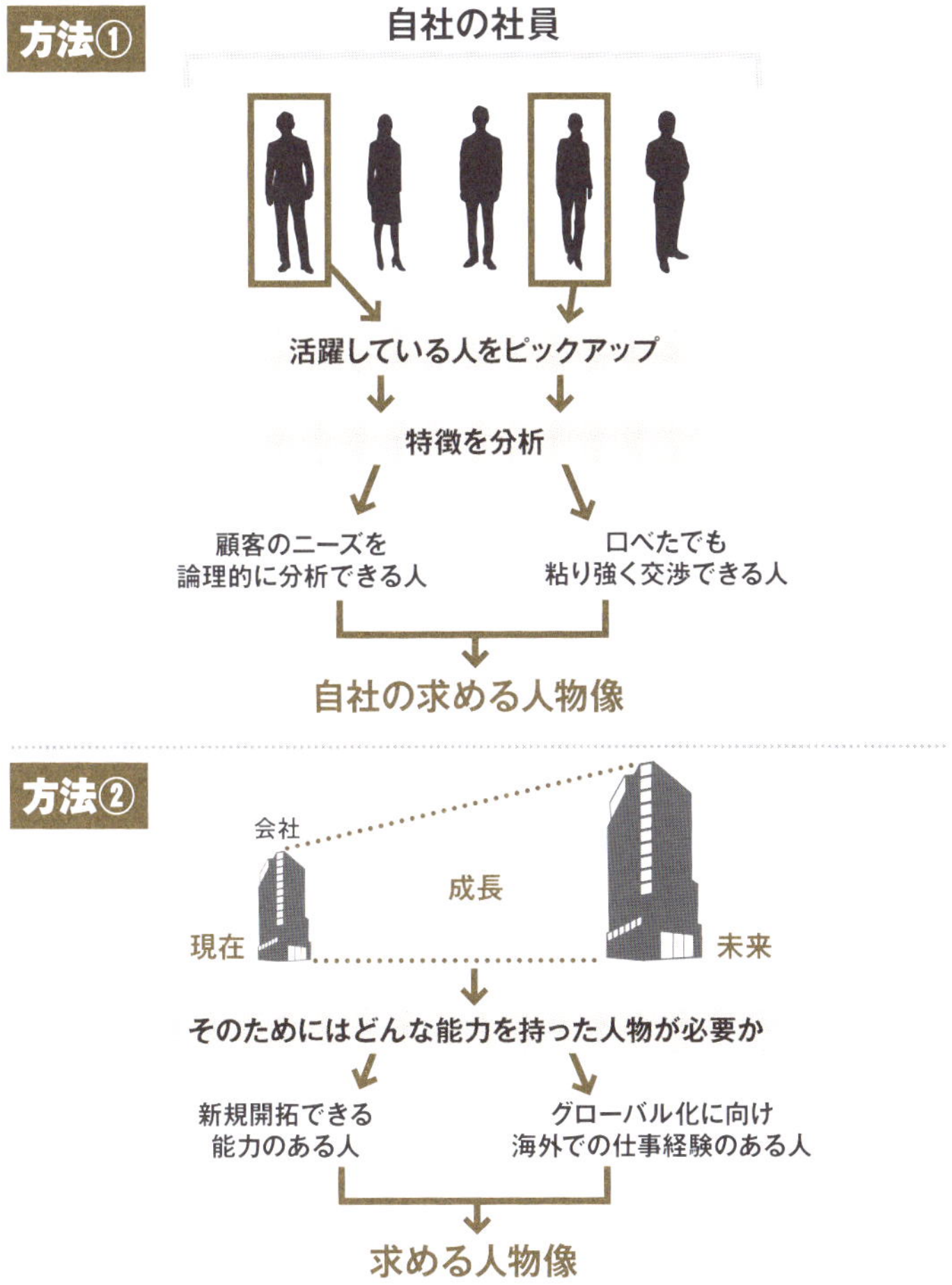
方法①
自社の社員
活躍している人をピックアップ
特徴を分析
顧客のニーズを
論理的に分析できる人
口べたでも
粘り強く交渉できる人
自社の求める人物像
方法②
会社
現在
成長
未来
そのためにはどんな能力を持った人物が必要か
新規開拓できる
能力のある人
グローバル化に向け
海外での仕事経験のある人
求める人物像

「会社の魅力」「仕事のやりがい」をエピソードで語れるようにする

準備 本番
01 02

自社の魅力を実体験で言えますか？

優秀な応募者なら、他社からも内定を得る可能性は大。面接で「この会社に入りたい」と思わせることが大切です。

そのためには自社の魅力や仕事のやりがいなどをさりげなく伝えるのが効果的（74ページ参照）。とくに、必ず採用したい応募者には自社の特長を上手にPRします。

そこで、面接の前にやっておきたいのが、自社ならではの魅力を洗い出すこと。御社の優れているところはどこか、ここで働くメリットは何かを箇条書きしてみてください。

でも、あらためて考えてみると、自分には当たり前すぎて、自社の魅力がどこにあるのか、すぐには思いつかない人もいるはず。その場合は、91ページのような、よく会社の特長として挙げられる「風通しがよい」「年次に関係なく大きな仕事を任せてもらえる」「多様な働き方への配慮がある」などの言葉を見直してみるのも一法です。あるいは「入社してよかったなと思う」「誇りを持っている」

ところなどを、同僚や上司などに聞いてみるのもよいでしょう。

ただし「うちの会社は、風通しがよいのが魅力です」と言っても応募者はピンときません。これは応募者が「コミュニケーション能力には自信があります」と答えても魅力的に映らないのと同じ。5W1Hを意識しながら、必ず具体的なエピソードを交えて話すことを心がけてください。

「決められた自分の机というのがないので、毎日、自由な席で、他部署の人と話ができる」「月に2、3回は、部下が上司を飲みに誘っている」などのエピソードがあれば、風通しのよい雰囲気がよりはっきりイメージしやすくなります。

また、同業他社にも当てはまるようなことを「自社の魅力」として語っても、応募者の心を引き寄せられません。

業界トップの企業ならまだしも、そうでないのならば、他社にはない良さを伝えなくてはなりません。業界トップの会社が「厳しい環境で鍛えられ、短期間で成長できる」のなら、中小の企業は「比較的のんびりした雰囲気でのびのび仕事ができる」「時間をかけてじっくり人を育てる風土がある」などと差別化して魅力をPRします。

自分のリアルなストーリーで仕事のおもしろさを語れるように

応募者の入社意欲を高めるには、会社の魅力を語るだけでは不十分。ひとりの先輩として、自分がどんな仕事をしていて、どこにやりがいを感じているのかを伝えることも重要です。その会社で働く社員が語るリアルな体験談によって、応募者は仕事内容や社内の人間関係などを想像できます。また、目の前で仕事について活き活きと語る姿は、応募者に魅力的に映るはずです。

自分の仕事を振り返って「今までどんなときにやりがいを感じたか」「どんな経験が自分を成長させてくれたか」「どんな人との出会いがあったか」を思い起こし、まとめておくとよいでしょう。

とくに用意してほしいのが「ウラ話」。「じつは、今ヒットしている◯◯をつくるきっかけは飲み屋での愚痴からだったんですよ……」などの面接の場でしか聞けないような秘話を話せるようにしておきましょう。内情を話してもらった応募者は、信頼された気持ちになります。

会社の特長を、自分の言葉で伝えられるように

× 職場の風通しがいい
→ ○ 週に１回は同じ部署内で飲み会をするくらい仲がよい
→ ○ 別の部署が同じフロアにある

× 年齢に関係なく責任のある仕事ができる
→ ○ 入社２年目で部下を持ち、新商品のプロジェクトを任されている人もいる

× 多様な働き方への配慮がある
→ ○ 男性でも育児休暇を利用する人が少なくないので、子どもを育てながらでも働きやすい

× 教育制度が充実している
→ ○ １年に１度、職位に合わせた集合研修がある
→ ○ 資格取得のための補助金制度があり、今年も○人が利用した

× 常に変革を求める風土がある
→ ○ 社長への意見ＢＯＸが用意されていて、社員の意見が、新商品の開発や事業の改良などにすぐに活かされる

× グローバルに活躍できる人材を育成
→ ○ 社内留学制度があり、年平均○人がＭＢＡ取得で留学している

× 社員（人間）を大事にする
→ ○ リフレッシュ休暇や誕生日月休暇が年○日ある

× 安心して長く働ける
→ ○ 約８割の社員が定年まで勤めるような働きやすい職場

× 新しいことにチャレンジできる
→ ○ ヒット作の○○は、転職して半年の人がつくった

× ひとりひとりの個性が活かせる
→ ○ 他業種からの転職者が多い

会場、人数、時間配分、適切な進め方を押さえる

準備 01 02 03　本番

些細《ささい》なことが会社のイメージを左右する

応募者に快く臨んでもらい、有意義な面接にするには、会場の準備、時間配分など、上手な進め方を知っておく必要があります。

【面接会場の設営】

応募者の座るイスが1脚あり、その向かいに面接官が並ぶ長机がある、まるでオーディションのような面接スタイルは、いかにも企業が応募者を「選んでやっている」印象を与えるので、おすすめできません。とくにキャリアのある転職者の採用では、面接官と応募者が対等に会話しやすい会場を準備して、クライアントと打ち合わせをするときのように、机を間に向き合うスタイルがよいでしょう。ただしソファは、スカートの女性が座りにくいので避けるべきです。

また、当たり前ですが、会場内は清潔にしておくこと。応募者に話を聞くと、「机

にコーヒーのシミがついていた」「ホワイトボードの書き残しがキレイに消されていなかった」など些細な点が気になるようです。それだけで「いいかげんな会社」と評価されることもあるので注意しましょう。

【面接官の人数】

セミナーなどでは、よく「面接は一対一がよいですか？」と質問されます。相手を見抜くには、応募者は１人がベストですが、面接官は多すぎなければ、２人でも、３人でもかまいません。ただし複数で行うときも、常に自分が見られていると意識すること。ほかの面接官が話しているときに油断してしまい、ぼーっとしていたり、携帯を無造作にいじる人がいますが、「自分に関心がなさそう」と思われてしまいます。

また、面接官どうしのやりとりにも注意。よそよそしかったり、意思の疎通ができていないと「社内の人間関係に問題があるのかも」と、応募者を不安にさせます。

【応募者の迎え方】

見落としがちなのが応募者を迎えるマナー。「入り口で面接会場までの地図を渡され、ひとりで暗い廊下や倉庫のような場所を延々歩かされ、不安になった」という話も聞きます。反対に「入り口まで面接官の人が迎えにきてくれて感激した」と、出迎えただけで好印象を持ってもらえることも意外なほど多いのです。
「わざわざ足を運んでいただきありがとうございます」と、取引先を迎えるように応募者に接することが大切。自分で一度歩いてみて、会場までの経路や待機場所などを確認してみましょう。

【面接の時間配分】

応募者の能力や本質を見抜くには、できればひとり当たり45～60分、少なくとも30分は必要です。とくに中途採用の面接では、前職での仕事内容やキャリアチェックが必要なので、新卒の一次面接のように15分程度というわけにはいきません。新卒面接の場合でも、人数をある程度しぼってからでもかまわないので、じっくり話を聞く機会をつくりましょう。

また、中途採用でもっとも時間をかけたいのがキャリアチェックです。全体を45分間としたら、20～25分くらいを充ててください。

面接での時間配分

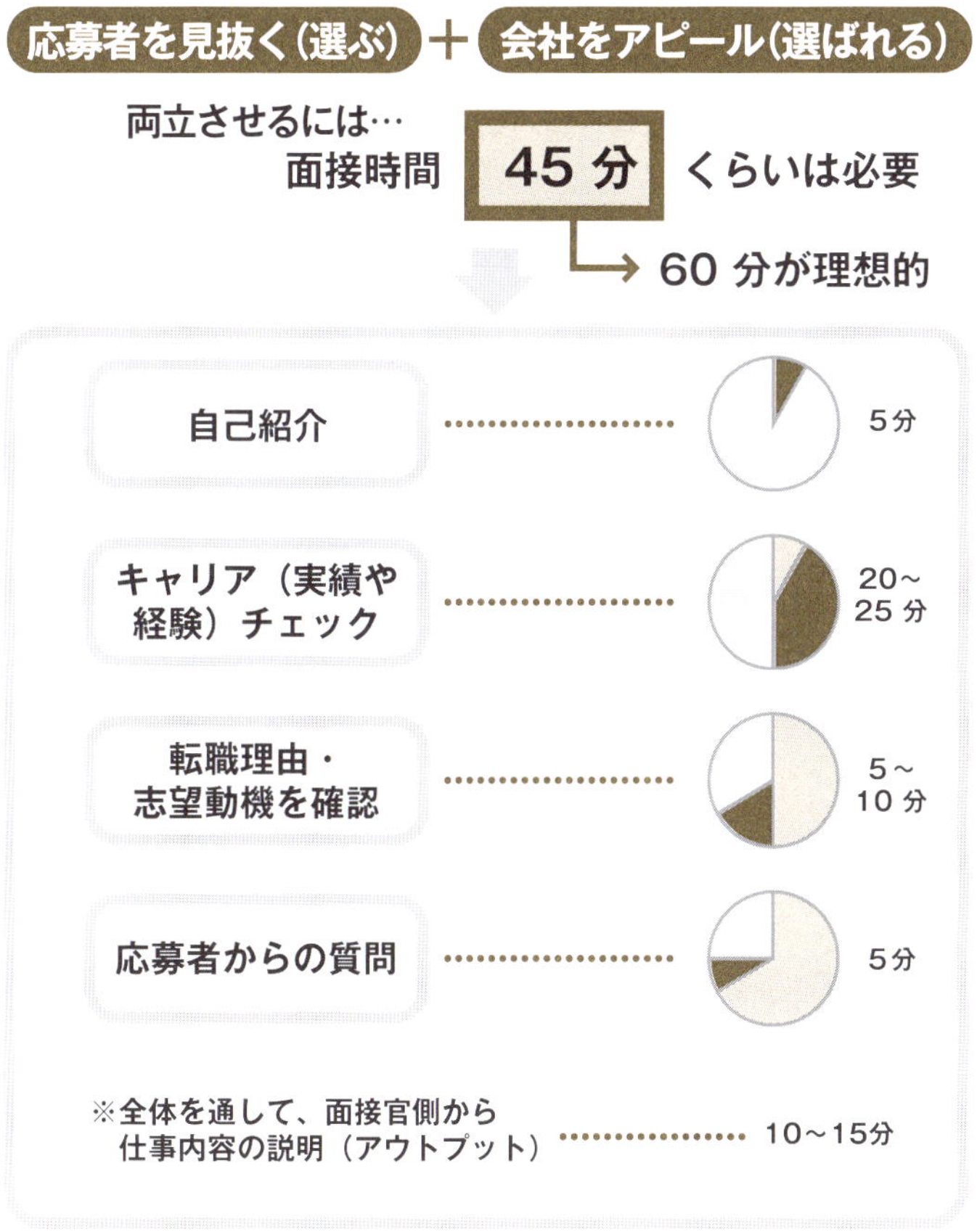

★新卒面接なら、ある程度人数をしぼってから、じっくり話を聞く機会を設けよう

「応募書類」はどこを見ておけばいいのか

準備 01 02 03 本番 01

職務経歴書をもとに質問内容を考える

応募者一人ひとりの履歴書や職務経歴書をチェックするところから、面接は始まっています。

応募書類にはキャラクターや能力を推測できる情報が書かれているため、面接官の経験が豊富だと「ああ、このタイプね」と決めつけがちですが、書類は相手を判断する材料ではなく、あくまでも面接の進行を考えるための参考資料。ここから、応募者の話をどのように掘り下げていくか、面接をどう組み立てていくかを考えることが大切です。

とくに重視したいのが職務経歴書。キャリアを確認して、気になる部分、より具体的なエピソードを引き出したい部分に目星をつけます。そして「どんなお客さんが多かったか」「売上を伸ばすためにどんな工夫をしたか」など、大まかな質問内容を整理しておいてください。応募書類にメモをしておくとよいでしょう。

ここで大事なのは「自社の仕事に活かせる能力を見つけよう」とする視点。仕事で部下の粗探しばかりしていてはマネジメントがうまくいかないのと同じです。部下のよい所を見つけるつもりで、どこかに自社の仕事で活かせる経験はないかを考え（50ページ参照）ながら目を通してください。**さらに応募書類を見ずに応募者のキャリアを話せるようにすれば、応募者は自分に興味を持ってくれていると強く感じます。**

基本的に履歴書は、参考程度に目を通しておけばOKです。ただ、なかには自己PRにその人の能力やキャラクターを探るヒントが隠れていることもあります。「何事にも自分から積極的に取り組みます」「コミュニケーション能力があります」といった漠然とした内容ではなく、経験やキャリアに裏づけされた強みが書かれているかがポイント。

たとえば「入社後2年目からの5年間、新商品の企画を担当し『プレゼン力』や、たび重なる改良作業に必要な『粘り強さ』が身につきました」などとあれば、応募者の仕事内容や能力を推測する材料になるでしょう。

職務経歴書

20xx 年 x 月 xx 日現在
氏名　○○　○○○

【職務要約】
大学卒業後に入社して○年、人材派遣の営業として、企業向けの提案営業に従事。現在は、業務マネジメントを担当。

【職務経歴】
20xx 年 4 月～現在　○○○株式会社
◆事業内容：人材派遣業、再就職支援事業

どんな？　どうやって営業？ ❶

期間	業務内容
20xx 年 x 月 ～ 20xx 年 x 月	■銀座支店勤務 幅広い企業を対象に、事務系派遣スタッフの提案営業、派遣スタッフの就業フォロー、派遣契約管理を行う 【取引顧客】　担当数約 20～30 社 【実績】　20xx 年度／売上 1 億円（達成率 100%） 20xx 年度／売上 2 億 8 千万円（達成率 140%） ※下半期に支店内 MVP を獲得
20xx 年 x 月 ～ 20xx 年 x 月	■池袋支店（マネージャー） メンバー 7 名のグループの売上げ目標設定、進捗・実績管理のほか、採用業務を行う 【取引顧客】　支店全体で 300～350 社 【実績】　20xx 年度／グループ売上 10 億 2 千万円（達成率 100.5%） 20xx 年度／グループ売上 14 億円（達成率 120%）

どのように達成したか ❷
どんなメンバー？　どのように？ ❸

【生かせる知識・経験】
・目標達成への執着力
・グループの業績やモチベーションを最大化するためのマネージメントスキル

どのように身につけた？ ❹
具体的に ❺

【自己 PR】
クライアントからの信頼を得るために、訪問とすばやいレスポンスを心がけておりました。そのなかで粘り強さやタフさが鍛えられたと自負しております。また、たくさんのお客様と接し、そのニーズや性格を把握していく力も培われました。それが、現在マネジメント業務にも役立っています。

きっかけ ❻
どのように？ ❼
どのように身につけた？ ❹

職務経歴書のチェック方法

実際の職務経歴書を見本に、面接の前に、どうチェックすべきか、ポイントを紹介します。

❶ ５Ｗ１Ｈを意識して「どんな企業に（規模、業種など）」「どんなスタイルで（新規かルート営業かなど）」営業していたのかを聞き、自社との接点を探る。

❷ 売上を上げるためにどんな工夫をしたか、また、それをやり始めたきっかけは何か、結果を受けて何を学んだか、PDCAを確認する。

❸ ❶同様、５Ｗ１Ｈで「どんな人に」「いつ」「どのような工夫をしながら」マネジメントをしたかを聞く。

❹ 身につけた過程やきっかけをチェック。また、その力を自社ではどう活かせると考えているか問う。

❺ 具体的に何ができるのかを聞き、自社の仕事でも活かせそうかチェック。

❻ 心がけるようになったきっかけを聞いて、自ら考える力があるかを見る。

❼ 身につけた力を、実際に活用できているエピソードを確認。

「自己紹介」ではどこを見ればいいのか

準備 01 02 03 本番 01 02

自己紹介はマストではないがメリットも

応募者に自己紹介をしてもらうことは、面接の必須条件ではありません。応募者の話す内容は、応募書類を見ればほぼわかるので、新しい情報はほとんど得られないからです。キャリアチェックにもっと時間をかけたいのであれば、自己紹介は省いてもOKです。ただ、面接の始めに自己紹介をしてもらう利点もあります。それが次の2つです。

【メリット① 面接の作戦を練ることができる】

自己紹介の間に抱いた第一印象をもとにして、頭の中で面接の流れを組み立てやすくなります。応募書類をチェックして想定していた質問内容を思い起こしながら、面接をこのあとどう進めるかをあらためて確認するのです。

また、応募者に会って話をしてもらうと、書類を見て受けた印象とは違うこともあるでしょう。そのギャップをふまえ、事前に考えていた質問を修正します。さらに、人当たりのいい人、口べたな人、緊張している人など、さまざまな応募者に合わせて、やさしい口調にしたり話すテンポを落としたりしましょう。

【メリット②　会場の雰囲気を和ませられる】

応募者は緊張しているケースが大半です。すぐに、質問がスタートすると、落ち着く間がなく、うまく話せない人も多いはず。最初でつまずき「言いたいことが言えないまま終わってしまった」と応募者から泣きつかれたこともありました。それでは話がうまく引き出せず、相手の実力を見抜きにくくなります。応募者が話しやすくなるよう、最初のうちになるべく緊張をほぐしてあげましょう。

自己紹介の前にしばらく話をすることで、緊張が少し和らぐ人もいます。明らかに緊張してうまく話せなかったり、言葉につまってしまったりした人には、面接官が助け船を出してあげてください。

たとえば「緊張するのが当たり前ですから、気にしないでくださいね」「じつは、私も少し緊張しているんですよ」「もしメモがあるなら、見ながらでもかまいませんよ」「言い足りないことはありませんか？」などと声をかけてあげるとよいでしょう。

チェックするのは社会人としてのマナーだけ

入室から自己紹介まででチェックすべきことは、あいさつ、身だしなみ、言葉遣いなどの社会人として最低限必要なマナーが身についているかどうかです。**ここでそれ以上のことを無理に探ろうとしないでください。**

また、最初の「本日はありがとうございます。お話をうかがわせていただきます○○です」のようなあいさつは、面接官側からしたほうが話しやすい雰囲気をつくれ、応募者も安心します。

意図的に黙って、自分からできるかをチェックする方法もありますが、その場合も、しばらく待っても、何もなかったら、面接官側から名乗ってあいさつをしましょう。

第一印象や好き嫌いに左右されない

自己紹介を促す際は「今までの経歴や、仕事をするうえでのモットーなど、準備されてきたことで結構ですので、自己紹介をしていただけますか？」と、話しやすい状況をつくってあげましょう。

なかには「丸暗記してきたことを話しているだけだった」「話がとぎれとぎれだった」ということを気にする面接官もいますが、その場で内容を考えながら、しかもスラスラと話せる人などそういません。上手に話せたかどうかよりも、「会社で活かせる自分の強みは何かをわかりやすく説明できているか」という視点でチェックしましょう。

また、自己紹介を聞いただけで先入観を抱いてしまうのは危険。その応募者の、そのあとの評価にバイアスがかかってしまうからです。

25ページでも述べたように、人は相手に一度抱いた印象をなかなか捨てられないもの。はじめに相手によい印象を持つと、その人のよい面ばかりが目につき、問題点は無意識に見ないようにしがちです。反対に、悪い印象を持つと、落とす理由を探してしまいます。これでは、面接をする意味がありません。

とはいえ面接官も人間です。人と対面すれば、何も感じないわけにはいきません。好き・嫌いの感情は抑えられないものなのです。

そこで大切なのが、自分を客観視してコントロールすること。もし、応募者に好印象を抱いたのであれば、本当に優秀なのか疑って検証するように心がけ、反対に、マイナスの印象を持ったのなら、よいところを探すつもりで面接に臨むようにしましょう。

聞く態度に気をつけろ！

また、自己紹介の間、注意したいのが「聞く態度」です。よくいるのが、経歴書を見ているかと思ったら、話している内容とは関係のない場所を読んでいる面接官。面接の流れをイメージしたり、応募書類を再確認したりしていると「見られている」意識がおろそかになり、「本当に聞いているの？」と応募者を不安にさせてしまいます。

応募者が話しているときは、「しっかり聞いていますよ」と、サインを送ることが大切。進行を考えながらも、書類に目を落としている時間より、応募者の目を見てうなずいている時間が多くなるように心がけます。どうしても「聞く態度」がおろそかになるなら、聞くことだけに集中するくらいでよいでしょう。

話しやすい雰囲気をつくる切り出し方

「今日」について話す

「弊社の場所はすぐおわかりになりましたか？」

「今日は比較的暖かくてよかったですね」

応募者の第一印象について話す

「書類の写真よりもお若く見えますね」

自分のことを話す

「じつは、私も５年前にこの会社に転職してきたんですよ」

「ホンネを言うと、私も今、少し緊張しているんですよ」

ほかの応募者のことを話す

「今日はあなたで３人目ですが、みなさん緊張されてました。だから大丈夫ですよ」

「キャリア・経験チェック」の進め方

準備 01 02 03 本番 01 02 03

過去の仕事を細部まで確認

キャリアや経験をチェックするこのステップは、面接のキモとなる部分です。ここで応募者の能力を見抜き、入社後に活躍してくれそうか判断します。要するに「自社で使えそうか」を見極めるわけです。

ここで重要なのが、過去に体験したことのディテールについて、具体的な話を聞き出すことです。

たとえば「新商品販売のプロジェクトリーダーとなり、売上目標を達成しました」などの抽象的で表面的な情報だけでは、誤った判断をしてしまう危険性があります。採用してみたら、けっきょく使えなかったりするのです。

そうならないためには、「売上を伸ばすためにどんなことをしたのか」「どんなメンバーがいたのか」「リーダーとして何に取り組んだのか」など、背景や行動を細かく確認することです。

そのときに使えるのがパート3で解説した「見抜くテクニック（64ページ参照）」です。5W1HやPDCA（「きっかけ」→「行動」→「結果」→「学んだこと」）を意識して応募者の行動を分析していきましょう。

実践ページで「見抜く力」を強化

すぐに使える質問を、次ページからの「実践」で紹介していきます。「コミュニケーション能力を見抜く質問」「成長性を見抜く質問」のように、見抜きたい能力別に、ついやりがちなNG質問と、実践してほしい質問の流れを解説しています。応募者の返答ケース別の見抜き方も解説しているので参考になると思います。ただ、面接の限られた時間ですべての能力をチェックするのは無理なので、御社の仕事に必要な能力は何かをよく考えたうえで、必要な項目を優先的に実践してみてください。

もちろん、同じように質問すれば必ず見抜けるわけではありませんし、書いてあるとおりに進まないこともあると思います。ただ、ポイントをふまえた想定実例をいくつも追ううちに、質問の切り出し方やさらに突っこんで聞くべき箇所が見えてくるはずです。

実践1

「自社で活かせる能力」を見抜く質問

準備 01 02 03 本番 01 02 03

応募者の経験と、自社の仕事とに「接点」があるか

ありとあらゆる能力を持った「超」優秀な人を見つけようとすると、採用は必ず失敗します。そんな人はいないからです。そもそも、仕事や環境によって必要な能力は違うので、万能である必要はありません。大切なのは、自社の仕事に活かせる力があるかどうかです。

応募者の能力を見極めるには、パート3で述べた5W1Hや、きっかけから始まるPDCAを聞く方法で過去の仕事や体験について、ディテールまで具体的に聞き出すことが必要。とくに御社に必要な能力については、「Who（誰）」「How（どのように）」を確認して、「応募者の現職と自社の仕事に接点」を探すことで見抜けます。営業であれば客層や売り方に、商品企画であればターゲットや商品の性格に、共通点があれば、現職で培った力が自社でも活かせるはずです。

実 践 例　携帯アプリ開発会社の営業の場合

面接官

当社では、お客様との打ち合わせが急に入ったり、成果物（製品、企画など）の仕様が変わったりすることもよくあるので、臨機応変な対応が求められるのですが、そのあたりは大丈夫ですか？

はい、大丈夫です。前職でもたくさんのお客様とかかわるなかで、同様の経験は積んでまいりました。

応募者

やりがち NG　そうですか……。

質問が誘導的。「大丈夫？」と問われれば、ふつう「大丈夫」と答える。質問をここで止めず、さらに掘り下げる。

OK　そうですか。では、成果物の仕様が決まるまでには、だいたい**どのくらい**の期間がかかりましたか？　その間に**何回くらい**打ち合わせをされるのですか？

５Ｗ１Ｈを意識して「どのくらい」「どんなとき」「どのように」と、細部を聞き出す。

早ければ１週間、長くて１か月くらいで仕様を決定します。クライアントの要望を聞き、すり合わせるため、最初の１週間はほぼ毎日、メールや電話で話を詰めていきます。その後は必要に応じ、週１、２回、打ち合わせをします。

応募者

面接官

いったん決まった仕様が変わることはありましたか？

はい。新しいアプリケーションが登場したり、スペックが頻繁に変わったりするため、仕様の変更は当たり前という状況でした。常に、そのときそのときの状況に対応しながら、仕様を決める柔軟性を求められていました。

なるほど。では、仕様が急に変わったときは、具体的にどう対応されてきましたか？

返答Case 1 応募者の日々の仕事ぶりが見える

締め切りや予算などを考えると、すべての変更に対応できるわけではないので、優先順位をつけて、取捨選択しました。そのあとは、変更内容を社内外の関係者に連絡して、納得していただくようにします。ときには「この部分の変更は間に合わないので、今回は見送らせてもらえませんか？」と、お客様を説得しなくてはならないこともありました。

こう見抜ける! 仕様変更で「どんな問題が起きるか」「だからどう行動するのか」と論理的に行動している。この点は、会社や商品が変わっても、同じように対応できると考えられる。

返答Case 2 行動の理由・きっかけがわからないので不十分

まずは「なぜ、仕様を変えなくてはいけないか」、お客様から十分にヒアリングします。そのうえで部内で検討し、なるべく要望に合わせるようにしておりました。

こう見抜ける！ これだけでは「自分で考えて行動しているか、マニュアルでそう対応したのか」まではわからない。「十分なヒアリングを行う必要があると思ったのはなぜですか？」と続け、行動のきっかけを確認して。

プラス こんな質問でも見抜ける！

- **「あなたが、燃費の悪いスポーツカーのセールスマンだとして、私に車を売りこまなければならないとしたら、どうしますか？」**
  まず「現在車を持っているか」「車に何を求めるか」など、お客のニーズを発掘し、それに合わせて売りこむという営業の基本が身についているかを確認する質問。応募者の想定外の質問なので、本当の営業力が見えてくる。

- **「熱中症対策に有効な商品を、お年寄りに広めたいのですが、どう売り出せばよいと思いますか？」**
  自分たちの仕事について応募者に相談することで、相手の能力を見抜くと同時に、仕事内容を具体的にイメージしてもらえる。お年寄りの行動や特性を想定して、「調剤薬局に営業をする」「ケアハウスでキャンペーンを行う」といった具体的なアイデアが浮かぶかどうかをチェックする。

実践2

「自走力」を見抜く質問

準備 01 02 03　本番 01 02 03

今求められる「自分で考え、行動できる人」

最近採用の現場でもっともホットなキーワードが「自走力のある人」です。実際、私がセミナーなどで、企業の採用担当者にこの言葉を伝えると「そうそう！　欲しいのは、そんな人だよ」とほとんどの方に共感されます。

従来のビジネスモデルが疲弊し、多くの企業が新しい方向性を模索している今、「世の中や会社の変化に合わせて、自ら課題を見つけ、走り出せる人」が求められています。

では、自走力の有無を見抜くには何をチェックすればよいのでしょうか。とくに重要なのが「きっかけ」から始まるPDCAのチェックです（65ページ参照）。

職務経歴書を見ながら「2年前のこのプロジェクトのときは……」と場面を特定し、どんなきっかけで、どんな行動をしたのか具体的に聞きましょう。そこから、応募者が常に問題意識をもって行動してきたかどうかがわかります。

実践例　不動産会社の営業の場合

面接官

NG

これまでで主体的に自分で動いたといえる仕事について教えてください。

応募者

今まで当社であまり扱っていなかった、駅から遠く交通の不便な物件の企画を自ら立ち上げたときです。デザイナーズマンションとしてのセールスポイントを強調したパンフレットを作成したり、近隣の不動産会社でキャンペーンを展開したりして、無事入居率100パーセントを達成しました。

☛ 場面特定もなく、聞き方も曖昧。また、応募者が想定できる質問なので、用意している答えしか引き出せず、日々の仕事ぶりはわからない。

OK

書類にある3年前の、郊外での大規模集合住宅のお仕事は「営業主任として、販売を指揮」したとのことですが、具体的にどんなことを意識して、何をされたのですか？

☛ 職務経歴書などを参考に、いつの、どの仕事か、場面を特定すると、より具体的なエピソードを引き出せる。

成約率を上げるため、なるべくたくさんの人に物件のメリットを知っていただく必要があると考えました。そこで、まず、足を運んでいただこうと、ターゲットである家族向けのために、子どもが喜ぶマジックショーのイベントを企画したり、託児スペースを設けたりしました。

面接官

なるほど。ちなみにそのすばらしい取り組みは、どういうきっかけで始められたのですか？

相手をほめつつ、自分で考えて行動しているかどうか「きっかけ」を確認。

返答Case 2　当事者としてのかかわりが弱い？

会社で販促会議があり、そこで、ディスカッションして決めました。

こう見抜ける! 会議で決定したことを遂行しただけともとれる。自分で考える習慣がない可能性がある。３年前時点での自走力はあまり期待できない。

返答Case 1　自走力のもととなる「考える力」が見える

もともと物件のデザインにもかかわっていたので、商品には自信があり、とにかく見てもらえれば、気に入ってもらえると思っていました。そこで、イベント情報をチェックしたり、若い母親層の意見を聞いたりして、人を集める方法を考えました。

こう見抜ける! 「きっかけ」→「行動」の流れに矛盾がなく、自分で課題を見つけ、行動できるとわかる。

さらに掘り下げる

面接官

その一連の経験から、何を学ばれましたか？

「きっかけ」「行動」「結果」のあと、さらに「学んだこと」まで聞いてはじめて、常に問題意識をもって行動できるかがわかる。このあと、さらに「そこで学んだことは、今どのように役立っていますか？」と掘り下げるとよい。

応募者

物件のメリットや客層を十分調べたうえで、営業方針を固めることが重要だとわかりました。そのためには、担当中のものだけでなく、ほかのさまざまな物件をじかに見て、お客様にアピールすべきところを探す必要があると気づきました。

プラス こんな質問でも見抜ける！

- **「この半年で、自分が成長できたと思えるのはどんなことですか？」「成長できた原因は何だと思いますか？」「自分で意識して変えたことはありますか？」「なぜそれをしようと思ったのですか？」**
  期間を限定して話を聞くと、常に自分の成長を意識しているか、自分で伸びていける人かが見抜ける。

- **「あなたが仕事をするうえでずっと大切にしている信念は？」「それを日常の行動にどう反映できていますか？」**
  「○○があるから仕事を頑張り続けられる」というモチベーションの源を持っているかがわかる。ストレス耐性もチェックできる。

「コミュニケーション能力」を見抜く質問

準備 01 02 03 本番 01 02 03

「コミュニケーション」という言葉を使わない質問を

何度も述べてきたとおり、コミュニケーション能力とはさまざまな能力が集まった複合体のようなものですから、まずは自社の社員として必要とされる力は何かを細かく分析することが大切。

自社の仕事では社員やお客様とどういうやりとりが必要か、そのために求められる能力は何かを明らかにしましょう。それが、御社に必要なコミュニケーション能力です。これを念頭に質問してください。

また「明るく、元気で、人当たりがいい」といった、第一印象のよい人を「コミュニケーション能力あり」と評価しがちです。しかし外見や表面的な印象だけに頼ると、判断を誤ります。きちんと質問したうえで、相手の能力を見抜くようにしてください。5W1Hを使って、その人の人とのかかわり方がわかるエピソードを聞き出しましょう。

実 践 例 営業サポート業務の場合

面接官

NG

当社では仕事上、共同作業が少なくありません。
人とかかわるのは得意なほうですか？

応募者

はい。現職でも多くの人とかかわってまいりました。
自分では得意なほうだと思っています。

得意か不得意かを聞いても意味がない。自社が求めるコミュニケーションがとれるかをチェックするほうが大切。

OK ①

毎日の仕事で、どんな人たちと、どんなかかわりがありますか？

とくに Who と How に着目し、仕事を分解して、日頃どんな人とどんなコミュニケーションをとっているかをチェックし、自社との接点を見つける。

直接かかわっているのは営業の人たちです。また、営業が不在のとき、お客様からの電話対応を任されております。

普段、お客様からの電話はどのくらいかかってきますか？
どんな内容のやりとりが多いですか？

１日 20 社ほどお客様とやりとりしています。お客様の受発注に対応したり、見積もりや商品に関するお問い合わせにお答えすることが多いです。

面接官

そういうお客様とスムーズにやりとりするために、心がけていることはなんですか？

相手に合わせたコミュニケーションがとれているかを確認。

返答 Case 1　自分なりに工夫しているかがわかる

信頼関係を築くために、営業からきちんとお客様に紹介してもらい、名前でやりとりする関係ができるようにしています。また、正確な情報をお伝えすることが大切ですから、曖昧なことは言わず、不明点はすぐに調べてご連絡するようにしていました。

こう見抜ける!　誰に、どのようにかかわっているかわかる。そこから、自社で必要な能力があるか判断できる。さらに続け、その工夫を始めた「きっかけ」も聞くべき。

返答 Case 2　具体的な行動が見えない

留守を預かる立場として、営業が何を求めているかをきちんと理解するよう、努めてまいりました。また、会社の代表である自覚を持ち、相手に喜んでいただける対応を心がけてきました。

こう見抜ける!　答えが抽象的で、意識してきたことしかわからない。「営業が求めるものを理解する」「相手に喜んでいただく」ためにどうしたのか、具体的な行動を問う必要がある。

OK②

面接官：仕事で、人とやりとりするうえで、得意なこと、苦手なことはなんですか？

応募者：なじみのあるお客様とはプライベートな話もできるほど、会話がはずむのですが、初対面の人と仕事以外で雑談をするのは正直苦手です。

なるほど。では、それをふまえ何か工夫されましたか？

自分の苦手な部分を理解し、カバーできているか確認。

返答Case1 自分にできる対策を講じている

無理に雑談するのでなく、連絡や訪問の頻度を高めて自分を理解してもらい、気軽に話せる雰囲気をつくりました。

こう見抜ける! 苦手な部分を補って、自分なりの工夫ができていることがわかる。さらに「気軽に話せる雰囲気づくり」のためにどうしたかを聞き、自社に合うか判断すべき。

返答Case2 具体的な行動が見えない

なるべく「初対面」を意識しないよう心がけました。

こう見抜ける! 心がけただけで苦手を克服するのは難しい。実際、どう行動しているかもわからない。

実践4

「実行力」を見抜く質問

準備 01 02 03　本番 01 02 03

人を動かし物事を推進する力

採用の現場を見て思うのが、新卒でも中途でも、最近の応募者はまじめな人が多いということ。しかし採用担当者からは「頭はいいが実行力のない『評論家タイプ』が増えた」「自分のことをまるで他人事のように話す」などとよく聞きます。仕事で「やるべきこと」はわかっていても、具体的な計画を立てて、周囲を巻きこみながら進めていく力のない人が多いのです。もちろん、すべての社員にこのような力が必要なわけではありませんが、部署やグループの中心となる人には不可欠でしょう。

実行力のある人を見抜くには、その人の実績をもとに、そこに至るまでの流れと背景をしっかり聞くことが大切。とくに、苦労や困難を乗り越えて成果を残した経験があるか、確かめてください。前例のないことや、人が尻込みするような状況でも、自ら行動できる人には、実行力があると判断できるでしょう。

実 践 例　メーカーの技術職の場合

面接官

NG

なかなかうまくいかなくて、苦労したことはどんなことか、それをどうやって乗り越えたかを教えてください。

応募者

お客様の無理な要望に対応したため、こちらの計画どおりに物事が進まず、納期が遅れたことです。こういうとき、大事なのは理解してもらうことですから、いろいろな部門に働きかけて協力を得ることで乗り越えてきました。

「つらかったこと」を問うのは想定問題のひとつで、面接用につくった模範回答しか聞き出せない。また、苦労話を聞いても「実行力」は見抜けない。

OK

この１～２年で予定どおりに進まず時間がかかってしまった仕事はなんですか？

じつはどのプロジェクトも予定どおりには進みません。だから、今はあらかじめそのぶん、余裕をもってスケジュールを立てるようにしております。そのため、この１～２年では予定の納期を過ぎてしまったことはありませんでした。

なぜ、予定どおりに進まないのですか？　どんなことがハードルになるのですか？

設計不良、予定していた部材の調達ミス、開発中の仕様変更、のいずれかが原因です。いちばん頻度が多いのは仕様変更ですが、もっとも困るのは部材が調達できなくなることです。

応募者

そのハードルをどのように乗り越えたのですか？

返答 Case 1 自分の行っている仕事の特徴を理解したうえで、行動していることがわかる

私が今やっているのは、予防型よりも対処型のリスクマネジメントです。どんなに気をつけてもトラブルが発生することはあるので、最悪の状態を予測し、リカバリープランを合わせて設計しておきます。部材の遅れに備えて、作業工程の変更プランを考えておくなど、どんなときにトラブルになるかを予測し、起こったときにすぐ対処できるようにしてきました。

こう見抜ける!

具体的にどんな事態が起こって、それに対しどんな行動をとっているか、自分の経験に基づいて話していることがわかる。さらに、当事者としてどのようにかかわってきたかを掘り下げ、当社でも活かせるリスクマネジメントの知識やキャリアがあるかどうかをチェックする。

返答 Case 2 抽象的で、具体的な行動が見えない

まず、できるだけそういった事態が発生しないように、未然に原因をつぶすようにします。それでも発生してしまったら、被害を最小限にとどめるよう、最大限の工夫と努力をして乗り越えてまいりました。

こう見抜ける! 言っていることは正しいが、具体的にどう行動していたかがわからず、不安が残る。どんなとき、どう行動したのか、具体的に掘り下げるところから仕切り直したい。

プラス こんな質問でも見抜ける！

- **「あなたは実行力があると思いますか？　それはなぜですか？」「直近の仕事で実行力が活かせたと思うエピソードを教えてください」**
  実行力があるかと質問すれば、多くは「yes」と答えるが、そのうえで「なぜ」やエピソードを聞けば、実行力をどうとらえているかが見えてくる。

- **「あなたが面倒だと感じるのはどんなときですか？」「最近面倒だった仕事についてお聞かせください」「その仕事をするためにどんな工夫をしましたか？」「なぜ、そのような工夫をされたのですか？」**
  面倒な仕事に直面しても、自分なりに工夫を凝らして進められるかを見抜ける。

実践5

「課題解決力」を見抜く質問

準備 01 02 03　本番 01 02 03

「問題に気づく力」と「対策を練る力」があるか

課題解決力とは、与えられた問題を解く力ではありません。自分で問題を発見し（課題発見）、クリアする力のことです。

どんなに順調に進んでいる仕事でも「もっとよくするためにはどうすればよいか」「将来起こりうるトラブルはないか」と考えると、課題は必ず見つかるもの。常に問題意識をもって仕事に臨み、改善すべきところを発見でき、必要な対策がとれること。それが課題解決力なのです。

この能力があれば、大きなトラブルを未然に防げるばかりか、仕事の質を高められたり、業績をアップさせたりすることにもつながります。

この力の有無も、過去の仕事のＰＤＣＡをチェックするとわかります。仕事でどんな課題を見つけ、どう解決してきたか、経験談を確認していきましょう。

実 践 例　メーカーの営業の場合

面接官

NG

今までのお仕事で、大きな問題を解決できたと思えるのはどんなことですか？　その課題にどう取り組んだか、具体的にお聞かせください。

応募者

新規のお客様に、商品をどうPRしたらよいかが、いつも大きな課題です。それぞれのニーズを探るため、できるだけこまめに連絡し、まずは雑談ができる間柄になることを心がけています。

過去に経験したひとつのエピソードを聞くだけでは、課題解決力が本当にあるかは判別できない。

OK

直近のお仕事で直面されていた課題はなんでしたか？

他社製品との競合優位性が薄れてきて、価格を維持しにくくなってきたところです。

面接官

その課題に取り組む際、あなたはどんな手順で、改善策を導き出しましたか？

問題には気づけているようなので、次にそれにどう向き合ったかを探る。

返答Case 1　課題解決の手順に基づき動いていることがわかる

状況を分析したところ、市場の拡大や安価な競合との差別化は難しく、現状の単品営業では売上を増やすことは相当困難だとわかりました。そこで付加価値の提供で他社との差別化を図りました。メンテナンスや仕様改善までの導入コンサルテーションをセットにして、長期契約にしていただくプランを提案しています。

こう見抜ける!　現状分析から解決案を導き出し、実行している。続けて、解決案を実現させるためのPDCA、とくに製造部門やサービス部門との協力関係をどう築いたかなどを聞けば、応募者の能力が測れる。

返答Case 2　論理的なようだが、具体的な行動が見えてこない

売上確保のため、3つのプランを考えました。ひとつは価格以外の部分で勝負できるよう営業としてのサービス力を向上させること。ふたつ目は競合分析で、他社商品の弱点を徹底的に洗い出し、優位性をアピールすること。最後は、まとめ買いによる段階的なディスカウント戦略です。

こう見抜ける!　一見、理路整然と検討しているようだが、今置かれている状況分析をしないまま、頭のなかだけで解決策を考えている印象。このままでは、お飾りの目標設定になる可能性大。

さらに
掘り下げる

面接官

改善策をどのように実行し、どんな結果が得られましたか？

応募者

顧客モニターを選出し、そこで出てきたニーズを記録し、それをコンサルパッケージとして自部門のエリア内で営業展開をスタートさせました。現在、導入していただいたお客様は20%を超え、まだまだ伸びそうです。

一連の経験から、どのようなことを学びましたか？

数値を交えた具体的な内容なので、イメージしやすい。そこで学んだことや、興味を持った点についてディテールを掘り下げていく。

プラス こんな質問でも見抜ける！

- **「組織が大きくなったため社員の声が経営者側に届きにくくなっている」という課題があったとします。あなたなら、この問題にどう取り組みますか？**
  課題を与えて、その場で解決策を考えてもらうことで、応募者の対処の仕方、思考力などが見えてくる。

- **何かしら課題を解決するとき、一番大切なことはなんだと思いますか？　それはなぜですか？**
  課題に直面したとき、論理的に分析して対策を立てられるか、また、そういう経験をしてきているかがわかる。

実践6

「成長性」を見抜く質問

準備 01 02 03 本番 01 02 03

目標を立てるクセがあるかどうか

採用の決め手となるのは、応募者の現在の能力だけではありません。今後、さらにレベルアップできるかも、重要な判断材料です。

キャリアを積めば、立場も、求められる能力も変わります。将来にわたり、成長できる人が必要なのです。

それを見極めるには、これまでの成長過程を確認する必要があります。とくに、意識的に自分を成長させてきたかどうかがポイント。

「やっているうちに、いつの間にか技術が身についていた」「上司に言われたとおりに動いていたら、営業成績が上がった」では、環境が変わったとき、同じように成長し続けられるかどうかわかりません。自分をどのように成長させてきたか、その取り組みや習慣を確認しましょう。

実 践 例 アパレルの販売員の場合

面接官

NG

あなたが仕事を通して「成長できた」と思えるのはどんなことですか？

応募者

お客様が選んだ洋服を売るだけでなく、こちらがよいと思うものを提案して、別の似合う服や、おしゃれの楽しさに気づいてもらえたときなどに成長できたなと思います。

過去のエピソードをひとつ聞いただけでは、常にステップアップを目標にして、能動的に成長しているかは見抜けない。

OK

今、仕事を進めるうえで改善しようとしていることはどんなことですか？　そのためにどんなことをしていますか？

現在、取り組んでいることを具体的に聞き出し、成長しようと意識しているかどうかをチェックする。

ネット通販がポピュラーになっていくなか、実店舗ならではのメリットを前面に押し出していく必要があると思っています。そこで意識しているのが対面接客の強化です。具体的にはカラーやコーディネートの勉強をして、こちらからお客様に似合う服や色を提案しています。そうすることで、お客様自身も気づいていなかった、自分に似合うファッションに気づいてもらいたいと思っています。

面接官

それはとてもよい取り組みですね。なぜそんなことを始めたのですか？

行動のきっかけを聞くことで、成長するために自ら考え、行動できているかがわかる。

自分が携帯を買いに行ったとき、機能がとにかくたくさんついたものを求めていたのですが、店員さんは私の携帯の使い方を聞いたうえで、必要な機能をしぼり込むことを提案してくれました。それで今はとても満足しています。私もその店員さんのように、お客様の気づきにつながる提案をしたいと思ったのです。

なるほど。では、そのような接客をするにあたって、何か目標を立てられましたか？

返答Case 1 常に、自分の成長を意識している姿が見える

はい。ひとりでも多くのお客様から、「自分にこんな服が似合うと思ってなかった」「これからはこういう色も着てみます」などの感想をいただくことを目標にしていました。そのために、仕事での気づきを毎日、ノートに書きとめています。

こう見抜ける! 毎日、自分の仕事を自分で評価していることから、常に「どうすればもっと成長できるか」を意識して行動しているのがわかる。さらに続けて「自分がどう変われたか」「もっとよくなるには、どうすればよいと思うか」を聞くと、今後、さらに成長できそうかが判断できる。

返答 Case 2 具体的な目標がない可能性大

はい、そうですね……（しばらく考えてから）、どのお客様にも必ず、こちらから提案するようにしていました。

こう見抜ける! すぐに答えられなかったということは、具体的な目標は立てていなかったと判断できる。そのため、常に、成長を意識して行動しているとは言いきれない。

プラス こんな質問でも見抜ける！

- **「日常生活で今、設定している目標はなんですか？」**
  「目標達成のためにどんなことをされていますか？」
  普段の生活でも、目標を立て、努力する習慣があるかどうかをチェック。

実践7

STEP 03

「ストレス耐性」を見抜く質問

準備 01 02 03　本番 01 02 03

ストレスを自覚し、処理できているか見極める

セミナーで、求める人物像について聞くと、どの企業からも必ず出るのが「ストレス耐性のある人」、つまり「ストレスに負けずに頑張って働き続けられる人」です。

企業自体に元気のない今、会社員の働く環境は厳しくなっています。そのため、ストレスで体調を崩して休職や辞職する人も多く、深刻な問題となっています。

応募者の「ストレス耐性」を見抜くには、ストレスへの対応力を見極めなければなりません。

具体的には「自分にとってストレスになる原因を特定できているか」「ストレスをためこまず逃がす方法を知っていて、実践できているか」をチェックします。自分のコンディションを客観的に見て、コントロールできているかが重要です。

実 践 例　IT系のエンジニアの場合

面接官

NG

弊社の仕事はとてもハードで、ストレスも多いですが、大丈夫ですか？

応募者

はい。今の職場もとても忙しく、徹夜や休日出勤も珍しくないので、大丈夫です。

誘導的な質問で「いいえ」と答える人はいない。また、ストレスに耐えられるか聞いても意味がない。

OK ①

あなたは**どんなことで**ストレスを感じやすいですか？

ストレスがあることを前提に、その人が何にそれを感じるのかを聞き、自分でストレスを自覚しているかを確かめる。

自分自身ではベストをつくしていても、想定外の箇所にバグが見つかることは珍しくありません。そういうときは、クライアントになかなか理解してもらえなかったり、ゼロからやり直さなければならなかったりして、さすがに心が折れそうになることもあります。

そうでしょうね。では、そのようにストレスを感じたときは、**どう対処されている**のですか？

ストレスを発散する自分なりの方法を持っているかをチェックし、ストレスをためこんでいないかを見極める。

返答Case 1　ストレスのもとを自覚し上手に発散している

バグが見つかったときは、そのまま仕事を続けるとストレスがたまっていくので、一度仕事場を離れてお茶を飲んだり、少し歩いたりして気分転換をします。また体を動かすことが好きなので、休日にはサイクリングやテニスなどでリフレッシュするようにしています。

こう見抜ける!
ストレスを感じたらどうなるか、どうすればストレスを逃がせるかなど、自分を客観的に分析して、行動できている。自分の好きなことで気分転換ができているので、ストレスに負けて心が折れる可能性は低いと判断できる。

返答Case 2　ストレスを処理していないも同然！

「どこで失敗したのか分析し、この経験を次の仕事に活かそう」と前向きにとらえるようにしています。あとは寝たら忘れるタイプなので大丈夫です。

こう見抜ける!
「反省を次に活かす」のような言葉をポジティブにとらえるのは危険。どのようにストレスを発散しているのかわからないからだ。逃がす方法をしらない可能性が高く、ためこんでしまうタイプともとれる。

OK ②

面接官

現在、何時ぐらいに出社して、何時くらいまで勤務されていますか？　土、日に出勤することはどのくらいありましたか？

どんな生活を送っているかを聞いて、労働環境はハードか、自社と比べてどうかを判断する。

応募者

お客様にもよりますが、現在常駐しているところでは、朝９時 30 分に出社して、平均夜 10 時までは勤務しています。休日に出勤することも多く、土曜日は月に２、３回は出社しています。

そんなにハードなんですか。体調管理も大変でしょう？

労働環境が厳しいなかで、自分で体調や気持ちのコントロールができているかを確認する。

家に帰ったら音楽を聴いたり、本を読んだりして仕事のことは考えないようにしています。また、運動不足になりがちなので、休みの日にはよく自転車で出かけます。

プラス　こんな質問でも見抜ける！

- **「日常生活でイラッとするのはどんなときですか？　逆に気持ちが穏やかになるのはどんなときですか？」**
どんなときに、自分の心がどう動くかがわかっている人は、ストレスを処理する能力も高いと予想できる。

実践8

STEP 03

「チャレンジ精神」を見抜く質問

準備 01 02 03　本番 01 02 03

そのチャレンジ精神は現実的か

企業が生き残りをかけて、新しい分野や市場を模索している昨今、挑戦する気概のある人が求められるのは当然です。

ただし、ここでいうチャレンジ精神とは、「壮大な計画」「誰もやらないプロジェクト」に挑む意気込みのことではありません。これはたとえば「日本人がいない辺地へ一人旅をした経験がある」では、判断できないのと同じことです。

多くの企業に必要なのは、「成功に満足せず、新しい目標を見つけていく姿勢」や「困難な状況を避けずに挑む気持ち」といった、現実的な心持ちや具体的な習慣です。

人と比べてどうかというより、「自分を超えよう」としているかが大事。成功体験のその後や壁を乗り越えた体験を聞き出して、判断してください。

実 践 例　食品メーカーの販売促進担当の場合

面接官

NG

これまで仕事で、主体的に何かに挑戦した経験はありますか？　それはどんなことですか？

応募者

はい。新発売の調味料の販促イベントで、料理レシピサイトとタイアップして、その調味料を使ったレシピの大会を企画・開催しました。今まで当社で行ったことのない企画で、社内調整や、協力先への依頼などに時間がかかりましたが、私にとっては大きなチャレンジでした。

☛ 質問で場面特定ができていないうえ、応募者が想定できる質問なので、面接用に考えてきた模範回答しか引き出せない。

OK

20XX 年の仕事で、高い業績を挙げられているようですが、このとき、業績アップのためにチャレンジしたことはありますか？

☛ 場面を限定して、何かに挑戦した体験のプロセスを確認する。

新規でイタリア産のオリーブオイルを手がけたのですが、価格が市販品の３倍以上する高級品でした。そこで、スーパーだけでなく、「ちょっと普段と違う気分が味わえる高級品」との切り口で、飛行機での機内販売と冠婚葬祭の引き出物という販路の開拓に挑戦し、成功しました。

そのような取り組みを行ったきっかけはなんですか？

ふと入った洋服店で、食器や調味料も扱っているのを見て、食材以外の場所に置いてもらったらどうだろうと考えたのがきっかけです。

応募者

今後はこうしたい、という目標や課題は見つかりましたか？

成功体験に満足せず、常に挑むべき目標を設定しているかを聞き出す。

返答Case 1 PDCAの連鎖がある

今後はバルサミコ酢やトリュフ塩など、ほかの高級調味料とセットにしたり、パスタなどの材料一式をパッケージ化したりして、高級品の扱いを広げたいと思っています。まずは、新しい販路での売上比率を10%から20%に倍増させるのが目標です。

こう見抜ける! 実績をベースに、新しい目標が立てられている。PDCAの連鎖で、プチ挑戦が習慣化しているのがわかる。

返答Case 2 さらなる成長が意識できていない

新しい販路の開拓は非常に大変だったのですが、無事にうまく流れたときの喜びもひとしおなので、これからも新しいチャネルを開拓していきたいと思っています。

こう見抜ける! 成功体験が次の目標設定に活かされておらず、成長の連鎖を目指そうという部分が見えてこない。

さらに掘り下げる

面接官

その目標をクリアするためにどんなことを行っていますか？　その結果、変化はありましたか？

目標に対して、対策を立て、行動できているかがわかる。

応募者

はい。商品の付加価値をさらに高めるため、約2か月かけて、有名な映画やドラマにちなんだ高級食材セットをつくりました。まだ現在では20%に届きませんが、16%を占めるまでに成長し、重要なマーケットにできつつあると思っています。

プラス　こんな質問でも見抜ける！

- **「ここ1か月間で、仕事上で改善するために取り組んだことはありますか？」「なぜ、その取り組みを思いついたのですか？」「その取り組みにあたって困難だったことはなんですか？　その困難をどう乗りきりましたか？」**
  常に新しい目標を設定し、それをクリアするために行動できているかが見抜ける。

「転職理由・志望動機チェック」

準備 01 02 03 本番 01 02 03 04

面接に至るまでの「転職のストーリー」を確認

「なぜ転職しようと思ったのですか」「弊社を志望する理由はなんですか」と質問する面接官は大勢います。ところがセミナーで「転職理由や志望動機を聞く理由はなんですか」と尋ねると、明確に答えられる方はまずいません。「定番の質問だから」「ただなんとなく」質問している人が多いのです。これでは、意味がありません。

これらの質問をする最大の目的は、応募者が「会社を辞めずに頑張れるか」、つまり退社のリスクがないかをチェックすることです。

転職理由と志望動機を、なんとなく尋ね「前向きな理由でよかった」「熱意が感じられなかった」などと、印象や自分の好みだけで良し悪しを判断してしまうのは避けなければなりません。

ポイントは、転職理由と志望動機を必ずセットで聞くということ。具体的には、

「なぜ転職しようと思ったのか」→「転職して実現したいことは何か」→「そこでなぜ当社を選んだのか」というストーリーを確認します。応募者の返答がこの流れに矛盾していなければ、きちんと自分なりの目的を持って転職活動に臨んでいるととらえることができます。

同時に、入社後すぐに退社してしまうリスクは低いと判断できます。目指すものが明確な人は、それがモチベーションとなり、多少の困難や苦労にもめげず、頑張れるからです。

会社への不満はあって当然

転職に至ったストーリーを質問する際に心得てほしいのが、「転職理由」を聞かれるのにナーバスな応募者が多いことです。というのも「会社の愚痴や文句ととられるネガティブなことは言ってはいけない」と思いこんでいるからです。事実、転職理由で会社への不満を口にする応募者に、悪い印象を持つ面接官は多いでしょう。

しかし、現在の会社に満足していれば、転職しようと思う人はほとんどいません。

会社を移りたいと思うのは、何かしらの不平や不満があるからこそ。そこを十分理解しておきましょう。

「会社に対して不満があるのが普通ですから、遠慮なく話してください」と相手がホンネを話しやすいよう、声をかけてあげるのもよいと思います。

また前の会社への不満はあくまで「転職のきっかけ」で、転職理由のすべてではありません。そのきっかけによって今、何を目指しているのか、転職の目的まで聞いてあげてください。そこから応募者の本心が見えてきます。

志望順位は聞いても無駄

「志望動機」を聞く際、同時に「当社は第何志望ですか?」と尋ねる人がいますが、これは無意味です。応募者も面接官がどういう答えを望んでいるかわかっているので、多少わざとらしくても「御社が第一志望です」と答える人が多いからです。

採用したい人物なら志望順位が気になるのは当然ですが、質問で本当の順位を見抜くのは不可能です。ここでは「なぜ当社を志望したのか」「どこが他社と違うと考えているのか」など、応募者と自社との接点を探ることを大事にしましょう。

「転職理由」「志望動機」は、セットで聞く

1 転職理由

「なぜ、転職しようと思ったのですか？」
「転職を決めたきっかけはなんですか？」

注 会社への不満があっても評価を下げないこと！
不満はあって当たり前。

2 実現したい目標

「転職することで実現したい目標は？」
「今後どのような仕事をしたいとお思いですか？」

注 実現可能な目標かをチェックして。

3 志望動機

「そこで、なぜ当社を志望したのですか？」

①→③の流れに矛盾がないことを確認

↓

自分なりの目標をもって、入社後、辞めずに頑張れると判断できる

「本気度」を見抜く質問

就職（転職）活動への取り組み方で判断できる

本気度を求める理由は、説明不要でしょう。採用するのであれば、入社後、全力で頑張ってくれる人がいいに決まっています。

入社後の姿（未来）を想像するには、過去のエピソードを聞くことはもちろん大切です。ただ、本気度を見抜く場合は**「過去の実績」だけでなく「現在の行動」「未来への意志」という3つを確認するのが有効です。**

なかでもおすすめなのは、現在行っている就職活動（転職活動）の取り組み方を確認する方法です。転職理由や志望動機を聞く際に、併せて聞いてみるとよいでしょう。そこから、応募者のリアルな姿が見えてくるはずです。希望する会社に入社しようと、熱心に企業研究や面接の準備をしている人は、仕事にも一生懸命取り組むだろうと判断できます。

実 践 例　新卒採用の場合

面接官

NG

今までで何かに本気で取り組んだ経験はありますか？　それはどんなことですか？

応募者

はい。大学では水泳部に所属し、大会ごとに自己記録を更新できるよう、練習に本気で取り組みました。今年の春行われた大会では自己ベストを記録し、８位に入賞できました。

「今まででー番本気を出したこと」を聞いても、仕事に対しての本気度は見えてこない。

OK

就職活動を始めるとき、応募する企業はどのように決めたのですか？

就職や転職に向けて、どんな行動をしてきたかを聞くと、仕事への本気度が見える。

はい。私は人とかかわること、体を動かすことが好きで、以前から食品メーカーの営業職に興味がありました。そこで、同じ業界に就職した部活の先輩から話を聞いたり、本やホームページで情報を得たりして、応募先を決めました。

応募書類を書くのに、どれくらいの時間がかかりましたか？

見本を見ながら書いてみたのですが、良いか悪いかが自分では判断できなかったので、家族や友人、先輩、アルバイト先の上司などいろいろな人に読んでもらいました。その感想を参考にして、さらに具体的に、わかりやすく書き直しました。そのため、トータルで１週間くらいかかりました。

応募者

面接官

弊社に応募するにあたって、どんな勉強をされてきましたか？

知り合いのつてを頼って、御社に就職した方にお会いできたので、仕事の内容を細かく教えていただきました。また、工場にも出向き、製造現場を見学したり、そこで働く方の様子を拝見したのも参考になりました。

弊社の仕事は、どんな仕事で、どんなやりがいがありそうだと考えておられますか？

入社後の仕事が、具体的にイメージできているかで、その応募者が真剣に仕事と向き合おうとしているかを探る。

返答Case 1　会社と自分の接点を発掘できている

納入先の業界・企業規模が多岐にわたり、商品も多様なので、きめ細やかな対応が求められる仕事だと思います。やりがいになりそうな魅力は、顧客の要望に臨機応変に応えるため、アウトソーシングせず、社員全員がものづくりすべての工程にかかわっている点、御用聞きでなく、用法の提案ができる営業スタイルを採用している点です。

こう見抜ける! 企業リサーチをして、仕事内容を5W1Hに分解して具体的にイメージしていることがわかる。やりがいになりそうな点についても、自分との接点を発掘しようとしている。

返答Case 2　自分なりの分析や研究ができていない

営業の仕事については、企画提案型であるとうかがっており、それがとても魅力だと考えております。

こう見抜ける! 情報を鵜呑《うの》みにしているだけ。「自分がその仕事に就いたらどうなるか」「やりがいを感じられるか」を本気で想像できておらず、意欲が伝わってこない。

「応募者からの質問」

応募者から選ばれるために必要な時間

面接の最後にぜひ設けていただきたいのが、応募者から質問を受ける時間です。

企業側が採用する人を選ぶように、応募者もどの会社に入社するかを選んでいます。

選ばれるには、会社のこと、仕事のことをわかりやすく応募者に伝える必要があります。応募者の質問に快く答え、時間のゆるす限り疑問や不安を解消して、「入社した自分」「仕事をしている自分」を具体的にイメージできるようにします。

また、質問は、応募者を見抜く材料にもなります。質問の内容によってどのくらい企業研究をしてきているか、どんなことに関心があるのかなどがわかりますし、聞く態度でコミュニケーションのとり方や物事を理解する力が見えるでしょう。最後まで応募者を観察する意識も忘れないでください。

本当に聞きたいことを引き出す方法

質問を受けるときは、「どんどん質問してほしい！」というスタンスで臨みます。「こちらから聞きたいことは十分うかがいしましたので、最後に○○さんの疑問にお答えしたいと思います。弊社のことや仕事内容で疑問や不安もおありでしょうから、遠慮せずにお尋ねください」と声をかけてください。

ただ、それでもホンネの質問はなかなかしてくれないもの。**転職希望者に話を聞くと、彼らが本当に聞きたいのは、給料やボーナス、残業時間、有給消化率など、とても生々しい内容だったりするからです**（151ページ参照）。

相手が聞いてこなければいいだろうと、放っておくこともできます。しかし、さまざまな会社の評判がインターネット上にあふれている今、応募者がでたらめな情報に惑わされ、御社のことを誤解していないともかぎりません。応募者にはできる限り、正確な情報を提供するほうが賢明でしょう。

あまり質問が出ないとき、聞きにくそうなときは、「残業時間や休日出勤の有無など、どんなことでも聞いてくださってけっこうですよ」「先ほどの方からは、有給消化率について聞かれましたよ」と話を振ってあげると、応募者も質問しやすくなるでしょう。また、とてもオープンで裏表のないという印象を持たれ、会社のイメージもよくなるはずです。

ただし、先回りして、「残業は……」「休日出勤は……」とあからさまにしてしまうと、まるで何かを隠したくて、必死に言い訳をしているように受け取られます。

まずは相手が質問しやすくなるような言葉をかけてあげてください。

志望順位を下げないための注意点

そのほか次の点に注意すると、相手を不安や不快にさせずにすみます。

【最低限の対策をする】

どんな質問をされても慌ててはいけません。応募者によっては、調べればわかるような基本的なことを聞いてくる場合もあります。それに対し「そんなことも知らないの？」とけげんな顔をしてしまうと、相手はいやな気分になります。また、今後の事業計画についてなど、即座には答えにくい質問に対しても、曖昧に答えてごまかした

応募者が本当は聞きたいけど、聞けないこと

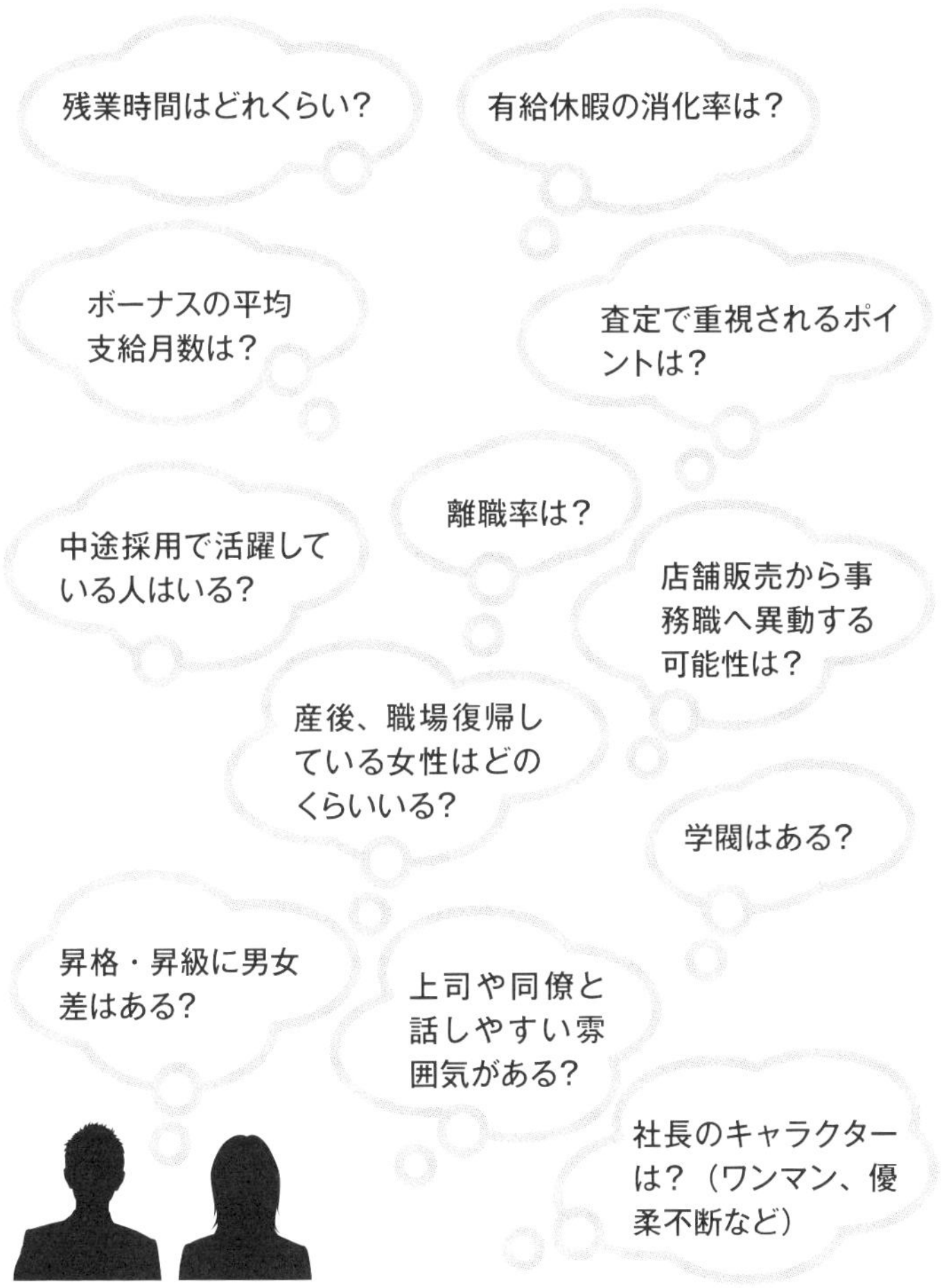
残業時間はどれくらい?
有給休暇の消化率は?
ボーナスの平均支給月数は?
査定で重視されるポイントは?
離職率は?
中途採用で活躍している人はいる?
店舗販売から事務職へ異動する可能性は?
産後、職場復帰している女性はどのくらいいる?
学閥はある?
昇格・昇級に男女差はある?
上司や同僚と話しやすい雰囲気がある?
社長のキャラクターは?(ワンマン、優柔不断など)

りすると、相手は不審に思うでしょう。
153ページの質問例と対策を参考に、どんな質問をされても、快く対応できるよう準備しておいてください。

【できるだけ「具体的に」「率直に」答える】

残業について聞かれ「それは人によっても部門によっても違うので、一概に言えないですね。早く帰れる人も、よく残っている人もいますよ」……これでは何も答えていないのと同じ。応募者ははぐらかされているように感じ、御社に対する印象が悪くなります。

たしかに言いにくい内容もあるでしょうが、「納期前などには週に2、3日は残業していますが、遅くとも10時には帰れます」など、可能な限り数字やエピソードを交えて答えてください。

よい印象を持ってもらおうと、いいことばかり言ったり、ごまかしたりするのは逆効果。率直に答えてくれたほうが応募者は安心し、面接官に対する信用度もアップします。

応募者がよくする質問とその対策

Q.1 仕事のやりがいはなんですか？

→ **対策** 自分の仕事を顧みて、やりがいを感じる点を３つくらいピックアップしておく。

Q.2 他社にない強みはなんですか？

→ **対策** 開発部門、製造部門、営業部門など、自分の所属部署以外の事業の流れを確かめて、自社の優れている点を言えるようにする。

Q.3 今後の海外展開についてはどのような予定になっていますか？

→ **対策** プレスリリースやホームページで会社の方針を確認しておく。

Q.4 仕事を評価する際、重視する点はどこですか？

→ **対策** 評価の高い社員について、どんな点が優れているかを分析しておく。

Q.5 企画に対する裁量権はどのくらいありますか？

→ **対策** 最近ヒットした商品の開発プロセスやおもしろいエピソードがあれば覚えておく。

Q.6 営業目標の数値と達成状況を教えてください。

→ **対策** 正確な数字が述べられるよう調べておく。

Q.7 中途入社で活躍されている方はいますか？

→ **対策** 他部署も含めて、中途採用での成功例を集めておく。

Q.8 転勤や異動はよくありますか？

→ **対策** 事前に人事と話し合い、どういう答えが適切か考えておく。

Column

「求める人材」のホンネとタテマエ

求人や面接に先立ち「自社にとっての求める人材像」を考える会議に、われわれエージェントが立ち会うことがあります。そのとき感じるのが、会議中と、その後の雑談中に出てくる「求める人材像」にギャップがあることです。

打ち合わせの席では、えてして「論理的思考力」「変化対応力」「グローバル化に向かえるイノベーター」などの、どこかよそ行きのかっこいい言葉が出てきます。ところがその後のランチなどで出てくるのは、もっとエモーショナルな意見です。多いのが「けっきょく『素直』で、『やる気』があって投げ出さない『根性』が大事なんですよね」というもの。とくに現場の人と話しているとそれは顕著で、ロジカルシンキングの権化のようなコンサルティングファームでも例外ではありません。コンサルタントたちが求めるのも「やる気」と「どんなことにも参加し、やりきる根性」でした。

応募者の論理的思考力は、彼らの得意なファクトやロジカルチェックで見抜きやすい一方、やる気はなかなか測れません。だからこそ面接は奥が深いともいえるのでしょう。

Part 5

面接の「悩み別」解決法

ここまで、面接に対しての心構えから、具体的なテクニック、質問の実践例などを解説してきました。それでもまだ、面接についての細かい疑問や悩みもあるでしょう。

そこでここからは、私が企業の採用担当者からよく尋ねられた質問と、それに対するアドバイスを紹介します。

もちろん、面接の方法には「必ずこうすべきだ」という「正解」はありません。ここにあるのはあくまでひとつの「手段」。私が多くの面接官や応募者を見てきた経験からわかったことを述べました。活用できそうな部分をピックアップして、面接力アップに役立ててください。

Q.01

採否に迷っている応募者を面接に何回呼べる？結果の通知はどのくらい保留可能？

A. 面接回数は2、3回。結果は1週間以内に通知

同一応募者の面接回数に決まりはありませんが、できれば2回、多くても3回にすべきだと思います。とくに働きながら転職活動を行っている人は、平日に何度も会社を休むのは難しいので、配慮が必要です。

コンサルティング・ファームなど、4回、5回と行う場合は、その理由を説明し、休日や夜間に行うなどの対策を。

結果の通知は、できれば一両日中、遅くても1週間以内にしましょう。とくにぜひ採りたい人には「即」連絡を。早ければ早いほど、高く評価していることが伝わり、志望意欲を高められます。もし、会社のルールや社内調整でどうしても時間がかかってしまう場合には、その旨をきちんと説明すること。またときどき連絡をとり、状況を伝えることも大切です。

志望意欲を下げずに、仕事のキツさを伝えるには？

A. 会社のサポート態勢や仕事の楽しさも同時に伝える

たとえ仕事がハードでも、その状況は正直に伝えましょう。へんに隠そうとすれば応募者は不安になりますし、入社後「言っていたことと違う」と辞められてしまうかもしれません。

といって「残業も多いけど大丈夫？」「徹夜も多いから覚悟しておいてほしい」といった脅し文句は、相手を尻込みさせるだけです。残業の頻度や平均時間、どんな業務がとくにつらいのかなどを具体的に伝えるようにしてください。応募者が入社後の姿を明確にイメージできるよう心がけます。

もちろん「そんなに残業が多いなら入社したくない」と思う応募者もいるでしょう。ただ、仕事がラクかキツイかだけで会社を選ぶ人は多くありません。

それよりも**応募者が気にするのは、会社によるサポートや配慮があるか否かです。**

残業や休日出勤が多くても、会社や上司がその状況を把握し、「仕事量はボーナスに反映させる」「徹夜をしたら翌日休んでもらう」「休日出勤をしたら、代休をとってもらう」などの対応をしていることが重要。「仕事は大変だけれど、会社はこんなサポートをしています」と、しっかり伝えてください。

面接官を任される現場マネジャーの方なら、部下に難しい仕事をふる際「できない部分は、フォローするよ」「迷ったときは相談に乗るから」などとひと言添えたりするでしょう。面接でも、そうしたひと言が応募者を安心させるのです。

また、誰でもハードなだけの仕事はやりたくありません。仕事におもしろさや、やりがいを感じられるからこそ、前向きに取り組めるのです。

自社に興味を持ってもらうには、仕事のやりがいを、自分の経験を交えながら話すこと。繰り返しになりますが、面接官が「活き活きと語る」ことを忘れないでください。充実した生活が相手に伝われば、「私もああなりたい」と思ってもらえるはずです。

Q.03

自社のウイークポイントをつっこまれたときの切り返し方は？

A. 会社で行っている解決策を伝える

応募者からの質問を受けると、現在、企業が抱えている問題点や課題について指摘される場合があります。たとえばゲーム会社なら「現状では、既存のゲームの続編や、過去に人気のあった映画やアニメを題材にした類似的ゲームが多いと思いますが、この点について、御社はどうお考えですか？」などと質問されると、面接官は内心ドキッとするでしょう。ここで「一丁前に生意気な」と感情的になって評価を下げるのは簡単。しかし、優秀でやる気のある人ほど、鋭い質問を投げかけてくるのも事実なので、慎重に対応しなければなりません。

一番大切なのは、疑問を解消してあげることですが、頭ごなしに否定したり、むきになって反論したりすると、相手は逆に不愉快になったり、怪しんだりするでしょう。「ご指摘はもっともです」「私もその点は課題だと思っています」などと言って返し、まずは、相手の意見を冷静に受け入れること。そのうえであらためて会社側の意見を伝えれば角が立ちません。

またこのとき、内容によっては**「たしかに、どのゲーム会社も同じような問題を抱えています」など業界全体の問題だとするのも有効。**あなたの会社の欠点としてではなく、業界全体の問題としてとらえられるからです。

面接官が応募者に伝えるべきなのは、自社のウイークポイントや課題を解決するために、どんなことを行っているかです。「少しずつですが、現在も、高齢者向けのゲームなど新しいコンテンツの開発に取り組んでいます」「新人クリエーターの発掘・育成のため、オリジナルゲームのコンテストを企画中です」など、できるだけ具体的に伝えましょう。課題を放置せず、適切に対応していることを明らかにすれば、応募者の安心や信頼を得る効果もあります。

さらに、現在、**新しい人材をこうして募集しているのも、問題解決法のひとつだとアピールしてもよいでしょう。**「柔軟な発想で、新しいゲームを生み出してくれる人を採用したいと思っています」などと伝えれば、応募者も納得し、仕事のやりがいを感じてくれるでしょう。

落とす決め手が見つからないが、なんとなく引っかかるときはどうする？

A. 雑談で見抜けなければ、別の目で判断を

「話を聞いてみるととても優秀だと思うけれど、何か、見落としている気がする」「あまりにも完璧すぎて、なんとなくうさんくさい」……面接ではこんなことも珍しくありません。落とす理由がないのだから採用すべきなのか、なんとなくの感覚だけで不採用にしていいのか、誰でも迷ってしまうでしょう。

こういう場合は、心に引っかかる原因はなんなのか、ただの勘違いなのかを次の方法で探ってみてください。

まず試してほしいのが「雑談」です。過去の仕事内容や実績ではなく、普段の生活についてのリアルな話を聞き出します。

たとえば「先週の土曜日、日曜日は何をして過ごしたか」「ここ1か月で一番熱中したことは何か」などの質問をしてみるとよいでしょう。こういう質問はウソがつき

にくく、応募者の「素」が引き出せるからです。それまでには見えなかった「裏の顔」が見えてくるかもしれませんし、逆に素が見えたことで安心することもあるでしょう。大切なのは、あくまでも自然な会話のなかで、相手の生活を聞き出すこと。「見抜いてやろう」という気持ちが出すぎると、身構えさせてしまうので注意してください。

雑談をしても、まだ判断に迷うなら、自分とは違う目で判断してもらうのが有効。後日、別の人に面接してもらうのです。もし、社内に適当な人がいない場合は、信頼できる社外の人に頼んでもOK。私が聞いた話では、「懇意にしている税理士さんに面接に同席してもらった」という中小企業の社長もいました。

まったく別の視点から見てもらうと、自分では気づかなかった応募者の姿や能力が見えてきたり、自分が何を気にしていたのかがわかったりするものです。自分の意見と合わせて総合的に判断するとよいでしょう。

ただ、人と意見が合わなかったり、理屈で納得できなかったりする場合もあると思います。そのときは覚悟を決めて自分の直感を信じるのが正解（54ページ参照）。そのほうが後悔しないはずです。

Q.05

技術職採用で、技術力はあってもコミュニケーション能力のない人は落とす？

A. 仕事に必要な能力レベルを分析して判断を

まず、何をもって「コミュニケーション能力がない」と判断したのかが問題です。本書で何度も述べてきましたが、「コミュニケーション能力」という言葉はたくさんの能力の総称のようなもの。伝えたい気持ちを言葉にする力も、話を理解する力も、話を聞いて判断する力も、すべてコミュニケーション能力なのです。

そのうちどんな力が必要かは、仕事内容によって違います。たとえば、技術者でも開発した商品を社内でプレゼンする必要があれば、「人を説得する力」が必要でしょうし、プロジェクトチームをまとめる立場の人なら、「人の話を聞く力」「判断力」が不可欠でしょう。面接の前にまずは、自社の仕事に必要なのは、どんな能力かを「コミュニケーション能力」という言葉を使わずに、具体化しておかなくてはならないのです。

それをせずに、「元気」「明るい」「話がうまい」人は、コミュニケーション能力がある、「おとなしい」「地味」「口べた」な人にはない、とイメージだけで判断しかねません。

また幅広い能力が備わっているほうがいいに決まっていますが、多くを求めすぎるのは危険です。「人の話が正確に理解でき、適宜、必要な報告ができればよい」など、最低限必要なコミュニケーション能力を基準としてチェックしてみてください。

さらに、技術職の採用では「今、どれだけ使える技術を持っているか」のチェックに終始してしまいがちですが、それよりも、その技術を習得した過程とこれから目指したいものを聞いて、御社との接点を確認してください。

それでも迷うなら、「もし、目の前の応募者が入社したら……」と考えてみます。ほかの社員たちとうまくやっていけそうか、どんな仕事を任せられそうか、どんな問題が起こりそうかなど、想像してみましょう。おぼろげながら、応募者の将来の姿が見えてくるはずです。それによって「印象が良い・悪い」ではなく、「使えるか・使えないか」を判断してください。

Q.06

自社とライバル社で入社を悩んでいる人の「自社の志望順位」を上げるには？

A. 自社を売りこむ営業のように、密に連絡をとる

「ライバル社ではなく、自社を選んでもらう」ための活動は、営業によく似ています。お客様に商品を売りこむように、応募者に自社を売りこみ、入社を決意してもらわなくてはなりません。それには、次の3つのアクションが有効です。

①他社の欠点ではなく、自社の魅力を伝える

これまで述べてきたように、ライバル社にない自社の長所を上手にPRしましょう。

このとき絶対にやってはいけないのが、他社を誹謗《ひぼう》中傷すること。実際、ある会社は面接で、「あそこは、社員をこき使うので有名」「やめたほうがいい」などと、競合他社をおとしめるような発言をしたため、逆に応募者から嫌われ、採用に失敗しました。他社の悪口を言うような会社に、人は魅力を感じません。

②接触頻度を高める

一次面接と二次面接の間や、結果を待ってもらっているとき、ただ放っておいてはいけません。応募者の気持ちをこちらに向かせるには、こちらから積極的に連絡を取りましょう。メールや電話だけでなく、実際に会う機会を設けるのがベストです。自分の志望する会社の担当者から「会いませんか?」「お茶でもどうですか?」という誘いを受けて、イヤな気持ちになる応募者はほぼいません。

また、「お互いに納得して入社してほしいから、なんでも遠慮なく聞いてください」と、入社の障害になる不安や疑問をできるだけ解消する姿勢を見せましょう。

③「入社してほしい!」気持ちを伝える

会社選びに迷う応募者の心を動かす最後のひと押しは、採用担当者の熱意です。ここぞというときには、情熱的に「押す」ことが大切なのは、恋愛と同じ。本当に採用したい人には、ぜひ来てほしいという気持ちをストレートに伝えてください。「いっしょに働きましょう」「あなたの力をぜひ当社で活かしてほしい」という気持ちのこもった言葉は、応募者の心に響くはずです。

Q.07

絶対に聞いておくべき質問は？

A. ストレス耐性を見抜く質問は必須

「ストレス性の病気で長期休養している社員がいる」「厳しい仕事に耐えられず、入社早々、新入社員が辞めてしまった」という悩みの声は、業種を問わずさまざまな企業から聞こえてきます。労働政策研究・研修機構のアンケート調査（２０１０年実施）によると、全国１万４千の事業所のうち、約57パーセントにメンタルヘルスに問題を抱えた正社員がいることがわかりました。また、過去１年間にメンタルヘルス上の理由により連続１か月以上休職、または退職した人がいた事業所は約26パーセントでした。

そんななか今、ほとんどの企業が採用の条件としているのが、メンタルのタフさです。仕事のストレスに負けない「ストレス耐性」を持っているかは、面接でぜひ確認すべき項目でしょう（詳しい質問の仕方は１３２ページ参照）。

Q.68

聞いてはいけない「タブー質問」は？

A. 仕事に関係ない内容には注意

厚生労働省のホームページでは、公正な採用選考を行うには、質問の内容にも配慮するべきと注意喚起を行っています。たとえば、出生地や家族に関すること、宗教、思想、購読新聞、尊敬する人物など、仕事の能力や適性を判断するのに関係のない内容を聞くのは就職差別につながるおそれがあるとしています。

もし、生活習慣や休日の過ごし方、趣味など、一見、仕事とは関係ない内容を聞く場合は、誤解を与えないように配慮が必要。たとえば、なぜ、その質問をするのか、理由もいっしょに伝えるとよいでしょう。

「今のお仕事はストレスがたまりやすいと思いますが、休日などで気分転換はできていますか？」「うちは仕事のつき合いで飲むことも多いけど、お酒はどうですか？」などと聞けば、相手もいやな気持ちはしないはずです。

結婚・出産・子育てと仕事についてのホンネを、女性の応募者に聞くには？

A. 準備をしているかで本気度をチェックする

女性には結婚・出産が理由で辞めてしまわないか確認したくなるのは自然ですが、デリケートな問題なので、聞き方には注意が必要です。

まずは質問の前に「会社としては、結婚・出産後も仕事を続けていただきたいと思っています」と、会社の考えを伝えます。そのうえで「結婚や出産後も仕事を続けられますか？」とストレートに聞いてください。

ただ、こう尋ねられれば、多くの人は「はい」と答えるでしょう。本気度をチェックするにはさらに、家族と話し合ったり、準備したりしているかを探ってください。「幸い両親が近くに住んでおり、子どもが生まれた際は、仕事と子育ての両立に協力してくれると言ってくれています」と現況がわかる具体的な話が出てくれれば、出産後も仕事を続ける意思があると判断できます。

Q.10

提示できる給与額が前職より低い場合、説得する方法は？

A. 前職の不満が解消できると思わせる

たとえば前職の給料が高すぎる場合、それには、必ず何かしらの理由があります。ノルマがきつかったり、休みがほとんどなかったり、働く人への負担が大きかったりするものです。しかも、前職で高い給与をもらっているにもかかわらず、転職しようとしているのですから、給与以外の部分に不満を持っている人が多いはず。給与が下がることは大きな問題にはならないことがほとんどです。

また、外資系から国内企業、大手から中小への転職の場合も給与は下がるでしょうが、本人もそれは覚悟のうえなので、これもあまり気にする必要はありません。

ただし、年収が下がるうえに入社したい魅力がないのでは、御社を選ぶ理由はありません。応募者がしたい仕事ができ、さらに大きなやりがいがあることを十分伝えることが大切です。自分の経験をもとに活き活きと語ってください。

年配の人に対して、若すぎる面接官は失礼？

A. 年長者に対する敬意を忘れなければOK

居酒屋チェーン店の20～30代の店長が、50代の応募者を面接する――飲食店などではよくあるケースです。実際、採用されれば若い上司のもとで働くわけですから、年下の面接官であっても問題はありません。年配の応募者であれば、自分より若い上司がいることとは、十分わかっているでしょう。

ただ、心がけてほしいのは、年長者に対する敬意や思いやりを大切にした対応です。

上司としての威厳を保とうと、無理に偉そうにしたりする人もいますが、これはNG。相手を不快にさせ、会社の印象を悪くするだけです。かといって、へんに気を遣うこともありません。取引先の人と話すような態度で、相手に対して敬意を払い、丁寧な言葉や態度で面接に臨みましょう。

Q.12

面接の場にパソコンやタブレットを持ちこんでもいい？

A. 記録用なら持ちこまないのがベター

　ペーパーレス化が進む昨今、会議や打ち合わせにパソコンを持ちこむのは、もはや当たり前になっています。しかし私はあえて、記録のために面接会場に持ちこむのはおすすめしません。パソコンに向かっていると応募者の「言語」の記憶しか残らず、見た目や受け答えの「印象」が、頭に入ってこなくなるからです。

　また、応募者からすれば話の間じゅう、パソコン画面ばかり見ていたり、キーボードをカタカタたたかれていたら、けっしていい気はしません。話をきちんと聞いてくれているのか不安にもなるでしょう。

　どうしてもパソコンを使うなら、重要なキーワードのみを入力するようにして、応募者の話に集中しましょう。なるべく相手の顔を見て、うなずきながら話を聞くことを忘れないでください。

自社で派遣社員として働いている応募者を不採用にするときは？

A. 求めている能力が異なることを丁寧に説明

派遣社員として御社で働いている人が、正社員採用に応募してくることもあるでしょう。採用ならなんら問題ないのですが、不採用の場合、その後も今までどおり、気持ちよく働いてもらうにはそれなりの配慮が必要です。

大切なのは、きちんと理由を伝えること。たとえば「○○さんの仕事に対する丁寧さや正確性は買っているけれど、正社員には、自分で新しい仕事を生み出す発想力やマネージメント力が求められるんだ」などと、そもそも派遣社員と正社員では仕事内容や求められる能力が違うこと、その点で応募者に足りなかったものは何かをきちんと説明するとよいでしょう。結果だけを伝えたり、曖昧な理由でごまかしたりすると「普段の働きや勤務態度に不満を持たれているのかもしれない」「派遣から正社員にはなれないんだ」など、勝手に解釈されかねないので注意が必要です。

Q.11

「無愛想」「偉そう」と言われるのですが、そう見られないようにするコツは？

A. とくに「聞く態度」に注意する

無愛想に見られないように意識しすぎる必要はありません。無理して笑顔をつくったり、愛想笑いをしたりすると、そのぎこちない態度が、逆に相手を緊張させたり、不安にさせたりします。

ただ、見た目が怖かったり偉そうに見えたりする人は、黙っていると誤解されやすいのも事実。相手の話を聞くときの態度には、注意が必要でしょう。

じっと静かに話を聞くのではなく、「なるほど」「そうですか」と、意識的にあいづちを増やしてうなずきながら話を聞きましょう。表情がぐっと明るくなるはず。

強面《こわもて》の人ほどふっとした瞬間に柔和な顔がのぞくと、逆に印象がよくなるものです。

Q.15

面接の途中でも不採用が決定的なとき、早く切り上げてもいい？

A. 応募者からの質問にはできる限り答えるのがコツ

面接でいくつか質問をした段階で、「採用は難しいな」と判断できる場合もたしかにあります。採用担当者からは、「そんなときも、予定時間どおりに面接しないと、いけないですか？」とよく聞かれます。

結論からいうと、不採用が確実なら、時間の短縮もＯＫです。ただし、あまりに短すぎると、足を運んでくれた応募者に失礼になり、面接官や会社の印象も悪くなります。

面接時間を短縮するには、早めに応募者からの質問の時間へ移るのがコツです。こちらからの質問は早々に切り上げて、「お互いを理解し合うことが大切なので」など前置きをしたうえで、相手からの質問に答えてください。

パート4で説明したように、応募者の本当に聞きたいことを引き出して、疑問や不安をできるだけ解消するよう努めましょう（148ページ参照）。そうすれば、応募者に安心や満足を与えられ、20～25分くらいで終わらせてもいやな気持ちにはならないはずです。

このほか、いつでも誰にでも使えるわけではありませんが、**率直に「当社とは合わないと思う」と伝えてみる方法もあります。**

たとえば面接相手のキャリアや目標が、あまりにも御社と合わない場合、「あなたが望む仕事をするには、別の会社を選んだほうがいいかもしれませんね。どう思いますか？」と相手の気持ちを聞いてみるのです。もしかしたら「じつは、別の業種と迷っていて……」とホンネを打ち明けてくれるかもしれません。そういう場合は、ひとりの先輩として、率直にアドバイスをしたうえで「ゆっくり考えてみてください」と面接を切り上げていいと思います。

反対に、「そんなことはありません」と言われたら、「では弊社で活かせるあなたの強みはなんだと思いますか？」「どんな仕事をしたいですか？」などと、もう少し話を掘り下げて、応募者の隠れた能力を探るよう努めてみてください。

Column

「けっきょくわからない……」人事歴20年のベテランがつぶやく面接の限界

人事の方たちは「どんな人材を採用すべきか」「どう育て活用すべきか」を考えたり、語ったりするのが好きです。なのに「どうしたら欲しい人材を採用できるか」については放置しがち。これは、そんなことを議論しても結論が出ない、と本能的に察しているからではないでしょうか。

大手企業の人事担当者を集めて、面接の研修会をしたときのこと。ある会社の人事部長がふと「けっきょく、面接では応募者のすべてがわかるわけではないんだよなぁ。この人ならいけると思っても採用ミスだったり、逆に、評価の微妙な人が活躍したりしているし……」と漏らしました。するとその場にいた全員が、「そうそう。うちも同じですよ」「うちではこんなケースがあって……」と、採用ミスの暴露合戦が始まったのです。

応募者の入社後の姿を推測するには、過去の行動をチェックするしかありません。しかし、人は年月や環境によって変わるもの。正確に予測することは不可能です。最後の最後で迷ったときには、「これでだまされたら自分の見る目がないんだ」とあきらめて、直感で判断するしかありません。私はそれでいいと思っています。

Part 6

直前チェック
面接官が注意すべきこと

面接に臨むときの心得

ここまで、面接官が知っておくべきことや実際に使えるテクニック、質問例を述べてきました。このパート6では、最後に確認しておきたい心得やポイントを記しておきます。ぜひチェックしてから本番に臨んでください。

面接はビジネスの場である

「面接官を務める」のは、通常業務にないせいか、それが仕事の一環であるという意識を忘れた人が多く見られます。結果、無意識に言葉遣いが乱れたり、雑な態度をとったり、時間にルーズになってしまったりするのです。

面接は、お互いがプレゼンテーションをする、まさに「ビジネス交渉の場」。**面接官と応募者は対等で、仕事として向かい合っているとの認識で臨みましょう。**そうすれば普段どおり、ビジネスマナーを守って対応できるはず。これは、応募者を不快にさせない絶対条件です。

他社の話を聞ける貴重なチャンス！

また、面接の場は、他社の仕事の内容ややり方など、普段はなかなか知り得ない話を聞けるチャンスでもあります。応募者の話のなかから、会社に有意義な情報が得られることも、自分の業務に活かせるヒントが見つかることもあるでしょう。

もちろん、応募者の資質を判断する冷静な目は必要ですが、「おもしろい話を引き出してやろう」くらいの気持ちでインタビューすべき（68ページ参照）と思います。そうすれば、面接を楽しむ余裕も生まれるはずです。

興味をもって話を聞けば、自然にアイコンタクトも増えますし、「なるほど」「すごいですね」といったあいづちも増えます。そうすれば、相手はどんどん話しやすくなって、さまざまなエピソードを引き出しやすくなるでしょう。面接官の心持ち次第で、その場の雰囲気はガラリと変わるのです。

応募者の緊張をほぐすひと言

まずはアイスブレイクを試みる

面接に臨む応募者の多くは「緊張」という鎧《よろい》を身にまとっています。そのままでは、本来の姿を見ることはできません。その鎧をいかにして脱がせるかが、面接官の腕の見せどころです。

そのためには最初が肝心。「いざ本番」となると、ますます硬くなってしまう応募者も多いものです。そこで少しリラックスさせてあげて、その後の対話が少しでもスムーズに進むように気を配りましょう。

たとえば、すぐに本題に入るのではなく「アイスブレイク」を意識した会話から始めてください。アイスブレイクとは、セミナーや研修のような初対面の人が集まる場所で、参加者の緊張をほぐすための施策です。

私が面談をする場合は、最初に「今日は暑いですね。暑いのと寒いのはどちらが得意ですか？」といった質問をしたりします。そのほか、105ページのような天気や面接会場までの経路の話題や、「暑かったら上着を脱いでくださってけっこうですよ。大丈夫ですか？」「まずは、お茶をひと口いかがですか？」でもよいでしょう。**「はい」や「いいえ」で答えられる簡単な質問から会話を始めてみてください。**

「緊張は悪いことではない」と伝える

また「緊張していても問題ないですよ」と直接伝えるのもよい方法です。あがりやすいことをマイナスと考えている応募者は、少なくないからです。

たとえば「面接で緊張するのは当たり前ですから、それは隠さなくてけっこうですよ」「頭が真っ白になってしまうこともあるかもしれませんが、そのときは、こちらがフォローするのでご安心ください」と声をかけてあげると、応募者は本当にほっとします。この言葉で、「この人なら自分を受け入れてくれそうだ」「きちんと話を聞いてくれそうだ」と思ってもらえれば、応募者はホンネを語ってくれるはずです。

「冷静な判断ができているか」顧みる目を忘れない

人は感情や感覚で評価してしまう生き物と心得る

面接官といえど人間なので、感情や感覚を完全には排除できません。入念な質問で、冷静に、ロジカルに応募者を判断しようとしても、自分の体調や機嫌で判定が変わったり、自分の好みが出てしまったりするものです。

ただ、それを「よし」としては、採用はうまくいきません。そこで大切なのが、誰でも判断ミスをおかすおそれがあると認識すること。そして常に、自分を客観的に見る目を持つことです。

左ページに挙げた、注意すべき5箇条を念頭に「第一印象はとてもよいから、これから質問で冷静に判断しなくては」「少し疲れてきたから、判断がブレないよう気をつけよう」などと、そのときどきで振り返り、軌道修正する必要があるのです。

判断ミスをなくすために、注意すべき５箇条

第１条　第一印象で決めつけない

外見の好き嫌いや「明るい・暗い」「元気・おとなしい」などの第一印象に評価が引きずられないように注意する。

第２条　経歴や肩書だけで判断しない

「営業成績トップ」「○○賞受賞」「国体出場経験あり」といった情報だけでイメージをつくりあげない。

第３条　応募者どうしを比較しない

応募者のなかで一番よいと思った人や、印象の強い応募者を過大評価しない。

第４条　体調によって判断がブレないようにする

体調が悪いとき、面接が続いて疲れているときなどは、評価がブレやすいので注意する。

第５条　感覚的な評価も無視しない

「なんとなく光るものを感じる」「どこかうさんくさい」といった直感も大切にし、それをできるだけ言語化するよう努める。

取材感覚で話を引き出すテクニック

□ 一期一会の意識で丁寧に対応する
□ 1回の面接で30回以上うなずくつもりで話を聞く
□ 応募者のいいところを見つけてほめる
□ 実際の仕事について相談し、意見を求める

この会社で働きたいと思わせるテクニック

□ 会社や仕事の情報をアウトプットする
□ 仕事について活き活きと話す
□ 応募者を成長させられるハードルがあることを示唆する
□ 仕事や会社について考えさせる宿題を出す

ホンネを語らせるテクニック

□ 相手の言葉をおうむ返しする
□ 相手の立場や境遇を理解し、共感する
□ 不満や失敗は「あることが前提」で尋ねる
□ 応募者が想定していない変化球の質問をする

「面接でやるべきこと」最終確認

採用を成功させるために、面接で意識してほしいことを挙げました。再度確認しておきましょう。

面接の基本

- □ 面接の役割は「選ぶ」「選ばれる」「嫌われない」
- □ 面接の流れは「自己紹介（マナーチェック）」
  →「過去の実績や経験を聞く（キャリアチェック）」
  →「転職理由、志望動機を聞く（リスクチェック）」
  →「応募者からの質問（やる気チェック）」

面接に臨む心構え

- □ 応募者の先輩として面接に臨む
- □ キャリアを確認するときは、結果よりも過程を重視
- □ 理想の条件に合う人を探す「マッチング」ではなく、この人はどう活かせるかを推測する「シミュレーション」を心がける
- □ 「責任は自分がとる」と思えるなら直感を信じるべき

応募者を見抜くテクニック

- □ ５Ｗ１Ｈで質問し、自社の仕事との接点を見つける
- □ 「きっかけ」→「行動」→「結果」→「学んだこと」というＰＤＣＡを確認して応募者の仕事ぶりを判断する

転職して何を成し遂げたいのか（意欲、未来価値＝WILL）

評価項目	評価内容	評価理由	納得感
転職ストーリーの確認 （きっかけ　目標　選択理由 将来実現したいこと）	納得感　気になること		

当社との相性はどうか（企業文化＝CULTURE）

評価項目	評価内容	評価理由	合致度
価値観　印象　キャラクター	どうマネジメントすれば使えそうか		

感性評価（言葉にならない直感での印象　候補者の良いと思ったところ）	もし採用するとしたら気になる点
印象の根拠となった特徴的な印象やしぐさ、言動など	
申し送り事項 総合評価　A　B　C　D	

※評価項目には、項目ごとに御社で求める能力や要素を、事前に具体的に記入しておきます。たとえば、「コミュニケーションスタイル」なら「ルート営業としてまめに忍耐強く顧客と接することができる」などと書き込みます。

※実際に面接をして応募者に感じた、自社の仕事で使えそうな能力や特徴、逆に足りないと思った部分を評価内容に、そう判断した根拠を評価理由にそれぞれ記入します。たとえば評価内容には「使えること＝こまめな連絡や、相手の要望を聞き取る能力に長けている／足りないところ＝営業としての経験」、評価理由には「前職では営業アシスタントとして、顧客フォローをしていたため」などと書きます。

評定表サンプル

面接　記録　評定シート

面接日　　年　　月　　日　　場所	応募者番号
（カナ） 応募者氏名	連絡先
面接者　所属　　氏名	

今何が生かせそうか　何が不足しているか（経験、キャリア＝CAN）

評価項目	評価内容	評価理由	評価1～5
欲しい経験・専門知識	使えること 足りないこと		
スタンス	使えること　足りないこと		
タフさ	使えること　足りないこと		
主体レベル　自走性	使えること　足りないこと		
コミュニケーションスタイル	使えること　足りないこと		
特に今回求める能力・スキル	使えること　足りないこと		

おわりに

本書は、面接官の経験が豊富な方なら、拍子抜けするような基礎や本質を解説しています。そのうえで具体的なやり方を、詳しく、そして繰り返し示しました。

なぜなら、知ってはいても、うすうすわかってはいても、実践できている人がほとんどいないからです。つまり面接に必要な知識を、実践できる「技術」にまでもっていけていない人があまりに多く、そのために失敗するのです。

こうした採用側の面接技術は、未開拓と言ってもいいでしょう。だからこそ、いくらでも改善の余地があるのです。

化かし合いのような現状の面接を変えるには、まず人対人の本質に迫ることが必要。面接は「ビジネス」であることをもう一度認識してください。

そこから、従来の決まりきった質問内容そのものを、あるいは面接のやり方そのものを抜本的に見直してほしいのです。

物事を変えるには、きっかけが必要です。きっかけによって、その対象に光が当たり、意識が芽生え、思考が始まります。本書は、その「きっかけ」を目指しました。どうか、この本と出合ったことを契機に、自社の面接というものに対し、もう一度真摯に向き合ってください。

本書との出合いが、あなたの組織の面接を変える「きっかけ」となり、改善のサイクルを生み出し、自走するようになることを、私は願ってやみません。

ご精読いただき、ありがとうございました。

細井智彦

著者

細井智彦　ほそい ともひこ

1960年京都府生まれ。同志社大学文学部心理学科卒。転職エージェント最大手の株式会社リクルートキャリア面接コンサルタントを経て独立。転職希望者向けセミナー受講者はのべ10万人超。6000人の転職希望者を内定に導いた実績から「日本一面接を成功させる男」と呼ばれる。企業（面接担当者）向けのセミナーも実施し、官庁、大手からネットベンチャーまで290社以上を担当。人事担当者をはじめ、現場マネジャーから社長までの企業面接官3500人以上を指導している。

https://www.facebook.com/tomohikohosoi

〈著書〉

『転職面接必勝法』『転職面接必勝法 実践編』（講談社）、『カリスマエージェント直伝！ 履歴書・職務経歴書の書き方』『10万人が受講した究極メソッド 転職面接突破法』（高橋書店）ほか多数

【著者エージェント】

アップルシード・エージェンシー　http://www.appleseed.co.jp

「使える人材」を見抜く　採用面接

著　者　細井智彦
発行者　清水美成
発行所　**株式会社 高橋書店**
〒170-6014 東京都豊島区東池袋3-1-1 サンシャイン60 14階
電話　03-5957-7103

ISBN978-4-471-21267-4